Bernhard Mack

Rituale alltäglichen Glücks

Wege zu erfüllenden Liebesbeziehungen

Bernhard Mack

Rituale alltäglichen Glücks

Wege zu erfüllenden Liebesbeziehungen

Mit Partner-Beziehungstest und einundvierzig Übungen

Junfermann Verlag • Paderborn
1997

© Junfermannsche Verlagsbuchhandlung, Paderborn 1997
Covergestaltung: Petra Friedrich
Coverfoto: ComStock GmbH, Berlin

Satz: adrupa, Paderborn
Druck: PDC – Paderborner Druck Centrum

Die Deutsche Bibliothek - CIP-Einheitsaufnahme
Mack, Bernhard:
Rituale alltäglichen Glücks: Wege zu erfüllenden Liebesbeziehungen. Mit Partner-Beziehungstest und einundvierzig Übungen/Bernhard Mack. – Paderborn: Junfermann, 1997
    ISBN 3-87387-352-4
NE: GT

ISBN 3-87387-352-4

Inhalt

Verzeichnis der Übungen

Vorwort

Dieses Buch handelt von Verliebtheit und Liebe, von gefühls-geladenen Erstkontakten und bewußter Beziehungsentschei-dung, von Selbstbeschränkung und von den Chancen ge-meinsamer Weiterentwicklung in der Lebenspartnerschaft.

Wir sind uns nicht sicher, ob es gerade gut für Sie ist, dieses Buch zu lesen. Sie wollen wissen, warum?

➤ Wenn Sie es sich in einer Paarbeziehung gemütlich eingerichtet haben, könnte diese in eine tiefe Krise stürzen, sollten Sie feststel-len, wie wenig Sie von dem praktizieren, was der Autor Bernhard Mack als glücksfördernd ausweist und wofür Sie sich Punkte im Partner-Beziehungstest geben können.

➤ Wenn Sie in eine Paarbeziehung hineinwollen, einen Partner oder eine Partnerin für einen vorerst unbegrenzten Lebenszeitraum suchen, könnte die Lektüre dieses Buches Sie dazu verleiten, Ihre Wahlkriterien so hoch zu schrauben, daß Sie niemanden als be-ziehungstauglich einstufen – nicht einmal sich selbst.

Im ersten Fall wären Sie wieder allein, im zweiten Fall blieben Sie es – wenn nicht der Autor Ihnen eine Vielzahl langjährig erfolgreich erprobter Übungen und Experimente anbieten würde. So können „alte" und „neue" Paare den Entscheidungsweg für eine Beziehung mit Hilfe dieses Buches zu einem gemeinsamen Lernweg gestalten. Partnerschaftliche Beziehungsdiagnostik wird gekoppelt mit bezie-hungsstiftenden Übungsangeboten zu einem heilsam wirkenden Selbsterfahrungsprozeß. Wenn Sie sich auf die gedanklichen und praktischen Anregungen in diesem Buch einlassen, haben Sie die Chance, verblendete Verliebtheit in Liebe und routiniert erstarrte Beziehungsgewohnheiten in Wachstumsdynamik zu transformieren.

Dieses Buch liefert Ihnen keine Patentrezepte. Ein hoher Punkte-wert im delphinischen Beziehungstest ist noch lange keine Garantie für die Haltbarkeit Ihrer Beziehung. Das christlich-rituelle Treuebe-kenntnis „... bis daß der Tod euch scheidet" garantierte jedoch auch nichts, war sinnentleert eher eine unglückstiftende Durchhalteparole.

Auch der Volksmund widmete sich dem Problem, daß Menschen qualitative Anhaltspunkte für die Partnerwahl brauchen: Da gab es einen Merkspruch, mit dem man Ähnlichkeitswahlen favorisierte: „Gleich und gleich gesellt sich gern." Und es gab ein volkstümliches Gegenplädoyer für Unterschiedswahlen: „Gegensätze ziehen sich an", so daß man am Ende genauso schlau war wie vordem. Wirklich glücksfördernde Wahlkriterien gab es nicht.

Beziehungsglück wurde und wird in die Sphäre der Nicht-Her-stellbarkeit entrückt. Forscher, die den Bedingungen für die Möglich-keit zum Glücklich-Werden nachspüren, werden besonders in Deutschland belächelt: „Glück ist nicht machbar, Herr Nachbar."

Chronisch Unglücklich-Sein ist ein Teil des Lebensgefühls vieler Paare und Singles:

➤ Viele bleiben zusammen aus Mangel an Alternativen, aus Angst vor Einsamkeit und um der gemeinsamen Kinder willen.

➤ Viele trennen sich, weil sie nicht wissen, wie man miteinander Beziehungsglück erringen und ausbauen kann.

➤ Viele leben lieber allein, weil sie nicht oder nicht mehr davon ausgehen, für Glück in der Beziehung überhaupt initiativ werden zu können.

Dabei könnte man es auch heute belassen, leben wir doch allem Anschein nach in einer postmodernen Beliebigkeitskultur, in einer Kultur der scheinbaren Wertepluralität.

Betrachtet man die gegenwärtige Situation jedoch mit Sehnsucht im Herzen, so entpuppt sich die vorherrschende Kultur als qualitäts-nivellierter kultureller Einheitsbrei.

Weil sich Bernhard Mack gegen diesen Trend wendet, erscheint er vermutlich der Generation der pseudoerfolgreichen cyberspacenden Excitement-Autisten mit Sicherheit als zutiefst konservativ.

Für uns jedoch ist das Buch innovativ und wertkonservativ im besten Sinne sowie aufregend konkret im Aufzeigen des Potentials von psychophysischer Gesundheit und spiritueller Entfaltung der Menschheit jenseits von Konsum und Technik.

Der Autor wünscht sich und Ihnen Beziehungsqualität anstelle von Begegnungsquantität, Intensität statt Glamour, Liebe statt Konsum, Glück anstelle von Ersatzbefriedigungen, Spiritualität statt Spiritus.

Die Generationen vor uns kannten auch schon das Problem der in diesem Buch beschriebenen Wahlentscheidungen. Sie wußten, daß Menschen häufig bei der Wahl von LebenspartnerInnen zu viele Kompromisse eingehen und entwickelten den verballhornenden Sinnspruch: „Drum prüfe, wer sich ewig bindet, ob sich nicht noch was Bess'res findet." Sie ahnten, daß die Suche nach dem Traumprinzen oder der Traumprinzessin ebenso von Mißerfolg gekrönt sein werde wie die nach dem Gral. Auch diesen findet man nicht außerhalb der eigenen Person, obschon die PartnerInnen ideale Projektionsflächen anfangs für die eigenen unbelebten, später auch für die ungeliebten Persönlichkeitsanteile zu sein scheinen.

Nach dreißig Jahren durchgängiger gemeinsamer Beziehung und Ehe, in der wir uns trotz – oder gerade wegen – aller durchlittenen Projektionsversuchungen noch immer innig lieben, glauben wir zu wissen, wovon wir sprechen.

Jede Beziehung durchläuft Phasen, in denen eine Chance zur Vertiefung, zur Intensivierung des Miteinander genutzt oder vertan werden kann.

Dieses Buch unterstützt Sie dabei, Wachstumschancen in Beziehungen wahrzunehmen und zu nutzen,

➤ indem Sie sich von solchen Partnerwahlkriterien lösen, die zu nichts anderem taugen als zur sicheren Reinszenierung Ihrer Kindheits- oder anderer Beziehungsdramen,

➤ indem Sie Ihre Wunsch- und Schattenprojektionen vom Partner abziehen und in Ihre Persönlichkeit re-integrieren,

➤ indem Sie Ihre kreativen und intuitiven Potentiale wecken und sie für einen sinngebenden gemeinsamen Transformationsprozeß einsetzen.

Frau muß den Frosch küssen *und* an die Wand werfen, damit ein Prinz daraus wird.

Man(n) muß die Fröschin küssen *und* an die Wand werfen, damit eine Prinzessin daraus wird.

Hamburg, April 1997   *Jeanette von Bialy*
Helmut Volk-von Bialy

Dank

Dr. Helmut Volk-von Bialy hat wesentliche Impulse für dieses Buch gegeben. Ihm und Jeanette von Bialy sei herzlich Dank gesagt.

Auch Brigitta Bury, Dr. Thomas Cernay, Rainer Pervöltz, Petra Moh, Franziska Jantzen, Florian Recknagel, Barbara Moos, Antonius Rolfes-Moos, Rutger von Bothmer, Antje Breithaupt, Doris Müller, Astrid Gude, Raphael Pischulti, Michael Wilmes, Maria und Hubert Roszkopf, Prof. Dr. Karl-Heinz Menzen, Prof. Katharina Megnet, Renate Reiter, Michael Doneit, Yvonne Ats und Dr. Gertraud Matthies haben in verschiedenen Stadien das Manuskript durchgesehen und wertvolle Anregungen gegeben.

Ich danke besonders den vielen Menschen, die halfen, den „Partner-Beziehungstest" durch ihre Hinweise und Vorschläge in mehreren Durchgängen immer wieder durchzuarbeiten und weiter zu verbessern. Ihre Namen können hier nicht alle genannt werden. Die Erfahrungen mit vielen hundert Paaren und die Anwendung in zahlreichen Seminaren und Therapien führten zu der nun vorliegenden Fassung.

Auch danke ich den Menschen, die mir auf meine Frage „Was war heilsam?" geantwortet haben und so die Auswertung in Kapitel 20 ermöglicht haben.

Besonders danke ich meiner Mitarbeiterin Yvonne Ats, den Teammitgliedern und Dozenten des *CoreDynamik-Instituts* (siehe Anhang), die mit mir zusammen diesen Weg nach innen gehen und durch ihre Mitarbeit die Landkarte dieses Weges weiter zu verfeinern helfen. Ich bin froh, in diesem Netzwerk zu leben und zu arbeiten.

Freiburg, im Mai 1997   *Bernhard Mack*

Gibt es den Ozean?

Die Wellen rollten ans Ufer. Tiefes Rauschen begleitete ihre stetige Bewegung, ihren Tanz, bis sie sich an der steilen Felsküste brachen.

Eines Tages rollte eine sehr große, alte Welle heran. Sie kam von sehr weit her.

Eine junge, kleine Welle schob sich neben sie und fragte: „Hast du jemals vom Ozean gehört? Gibt es ihn wirklich?" „Ja, ich habe vom Ozean reden hören", erwiderte die alte, große Welle, „aber ich habe ihn natürlich niemals selbst gesehen." – *Jaxon-Bear / Lorenz*

Sieben Überlegungen zu Beziehungen

Die Natur aller Beziehungen ist paradox.
Unsere erste und wichtigste Beziehung ist mit uns selbst.
Der Schlüssel zu intimer Beziehung ist ehrliche Kommunikation.
Beziehungen brauchen Raum, Harmonie und Rhythmus, um wachsen zu können.
Beziehungen können nicht wachsen ohne persönliche Ausdehnung und Wachstum.
Die Qualität des Sich-Beziehens ist viel wichtiger als die Form.
Wichtige und tiefe Beziehungen enden nie, nur ihre Form ändert sich. – nach *Deon Dolhpin*

Für Brigitta

Einleitung

1. Miteinander spielen lernen

Dem Delphin hat die Natur gegeben,
wonach die besten Philosophen trachten:
Freundschaft um der Freundschaft willen.
Denn obwohl er den Menschen in
keinerlei Weise braucht, ist er ihm ein
treuer Freund und hat schon manchem
geholfen. – *Plutarch*

Spielen ist eine ernsthafte Sache. Unsere Möglichkeiten zu spielen entscheiden über unsere Glücksspielräume. Spielen heißt Freiräume erlauben, sich aus engen Vorschriften lösen, Leichtigkeit zulassen und die Erfüllung im Jetzt zu genießen.

In diesem Buch geht es darum, Möglichkeiten des Miteinander-Spielens zwischen Lebenspartnern zu untersuchen: Miteinander spielen als ein Ausdruck für miteinander glücklich sein, lernen, wachsen und sich bei der Verwirklichung über uns selbst hinausreichender Ziele zu unterstützen.

Es ist im wesentlichen ein Übungsbuch, das Sie direkt in die Erfahrungen eintreten läßt. Ich habe versucht, es auch für das Selbststudium zu schreiben, leichter wird es jedoch, wenn Sie die Übungen zusammen mit Ihrem Partner oder Ihrer Partnerin oder im Freundeskreis durchführen. Außerdem können die Übungen als Anleitungen für TherapeutInnen für ihre Arbeit mit einzelnen, Paaren und Gruppen dienen.

Wer ist der Autor, und welche persönlichen Interessen verbindet er mit diesem Buch?

16

Ich arbeite seit 25 Jahren als psycho- und körpertherapeutischer Begleiter mit einzelnen, Paaren und Gruppen. Immer waren und sind in dieser Arbeit und Forschung auch meine persönlichen Lebensthemen und Fragestellungen die prägende Leitlinie.

Wie bei den meisten „Kontaktspezialisten" sind für mich Partnerschaften, Freundschaften und Liebesbeziehungen oftmals schwierig. Viele Bemühungen sind gescheitert, oft bin ich in Sackgassen geraten, vielfach war ich unklar und bin lange Umwege gegangen. Viele Jahre habe ich selbst als Klient in verschiedenen Therapien an meinen versteckten Gefühlen, meinen verdrängten Bedürfnissen, an meiner Enge gearbeitet.

Gerade der Schmerz des Mißlingens meiner Liebesbeziehungen oder meine persönliche Unreife in verschiedenen Stadien des Wachsens, aber auch viele Momente des Gelingens und Phasen der tiefen Erfüllung haben mir immer neue Impulse zur Weiterentwicklung dieses Weges gegeben.

Mein persönliches Interesse an dieser Forschung war und ist dabei immer, meinen eigenen Weg und den von anderen Menschen immer deutlicher zu sehen und herauszufinden, ob Glück wirklich möglich oder eine Illusion ist.

Um es vorweg zu nehmen: *Glück ist möglich*. Und es geht dabei um Bewußtseinserweiterung. Erfüllung in unseren Liebesbeziehungen ist nach meiner Erfahrung mit mir und mit Hunderten von Paaren, einzelnen und Gruppen durch eine zunehmende Komplexität unseres Denkens, Erlebens und Fühlens möglich. Die in diesem Buch vorgeschlagenen Übungen sind ein systematischer Weg zu dieser Erweiterung unserer Denk- und Wahrnehmungsmöglichkeiten. Sie sind in zunehmendem Schwierigkeitsgrad aufgebaut. Insofern ist es sinnvoll, die Übungen von vorne zu beginnen und sich Zeit zu lassen, die einzelnen Schritte mit zu vollziehen. Gerade die Übungen in der zweiten Hälfte des Buches sind tiefgehend und nicht immer einfach. Es ist sehr zu empfehlen, sich in diesen Übungen von einem liebevollen Menschen begleiten zu lassen.

Von jedem Punkt aus ist eine Weiterentwicklung möglich. Dies ist um so leichter, je deutlicher ich meinen jeweiligen Lernprozeß einschätzen kann, sozusagen die Landmarkierung habe für den Weg, auf dem ich gerade gehe. Diese Landkarten will ich Ihnen in diesem Buch zur Verfügung stellen.

Ich habe dieses Buch als Weiterentwicklung meines Buches *Der Liebe einen Sinn geben – Wege zur Liebe – Wege zum Kern* geschrieben. Dort werden die Grundlagen der von mir **CoreDynamik** genannten Methode gelegt, die hier nur in einigen Punkten erneut aufgegriffen werden. Es ist also den Lesern und Leserinnen, die sich mit der Materie noch wenig auskennen, zu empfehlen, zuerst den ersten Band zu lesen und die dortigen Übungen kennenzulernen. Das vorliegende Buch ist das Ergebnis meines weiteren Weges, den ich inzwischen gehen durfte.

Alle hier genannten Übungen sind oftmals erprobt und haben sich als hilfreich erwiesen. Sie können die Übungen einfach lesen, auch so bekommen Sie einen Einblick und eine Erfahrung in die Zusammenhänge. Wenn Sie tiefer in den Erfahrungsprozeß eintreten wollen, ist es sinnvoll, daß Sie sich die Übungen entweder vorlesen lassen oder Sie selbst oder ein Freund / eine Freundin den Text der Übungen, die Sie durchführen wollen, vorher auf eine Kassette spricht und Sie dann nur zuhören brauchen. Vielleicht haben Sie auch eine Musik, die Sie gerne dazu hören wollen.

Die Erfahrung zeigt, daß wir dazu neigen, solche Übungen einfach zu lesen oder uns allein nicht kompetent genug dafür empfinden. Andererseits gibt es auch den Raum in Ihnen, in dem Sie sicher in der Lage sind, die Übungen, die Ihnen gefallen, herauszufinden und sich dafür den geeigneten Raum der Ruhe, Zeit und Konzentration zu schaffen. Dies ist jedoch eine schwierige Aufgabe und sollte nicht unterschätzt werden. Es gibt zahlreiche Motive, die Übungen gerade jetzt nicht durchzuführen. Wenn Sie sich als Einzelperson oder als Paar auch nur für eine einzige Übung in diesem Buch wirklich die Zeit und den Raum nehmen, sind Sie schon auf dem Weg und haben bereits gewonnen.

Ich werde in diesem Buch die Möglichkeiten untersuchen, wie wir unsere Beziehungen dadurch erfüllender gestalten können, daß wir spielen, empfinden, fühlen und unser Bewußtsein erweitern lernen. Dabei werden Sie erfahren, daß die Qualität des Fragenstellens über die Qualität unseres Lebens entscheidet.

Zwei Fragen zeigen sich dabei als besonders bedeutsam:
1. Ist mein Gegenüber ein/e geeignete/r „Spiel"partner oder -partnerin für mich?
2. Wenn JA, wie können wir miteinander spielen und wachsen?

Das Ausloten der zweiten Frage ist eine Vertiefung der ersten Frage. In diesem Buch werde ich im Wechsel zwischen beiden Themen hin und her wandern und die eine Frage auch mit Hilfe der anderen untersuchen. Oftmals werde ich Positionen zuerst etwas überspitzt darstellen und sie im weiteren Verlauf der Überlegungen wieder in einen relativierenden Zusammenhang stellen. Diese spiralische Schreibweise hängt mit dem Konzept der spiralförmigen Entwicklung unseres Wachstumsprozesses zusammen. Es ist also zu empfehlen, das Buch von vorne zu lesen und es beim ersten Ärger über eine Einseitigkeit nicht gleich wegzulegen. Jeder Entwicklungsschritt ist auf einer bestimmten Stufe erst einmal nur verkürzt darstellbar und zeigt sich erst im Ganzen in seiner Bedeutung. Menschliche Wahrnehmung ist ganzheitlich und läßt sich oft nur partikular vermitteln.

Einen Katalog der zentralen Fragen zu den einzelnen Bereichen finden Sie dann am Ende des Buches im „Partner-Beziehungstest" noch einmal zusammengefaßt. Dabei handelt es sich nicht um einen Test im herkömmlichen Sinne, sondern eher um eine Forschungsreise, einen Anreiz zum Dialog unter Partnern und eine Landkarte der eigenen Liebesfähigkeit sowie der Möglichkeiten in dieser Beziehung. „Unser Unbewußtes kennt oftmals schon die Antworten – hingegen muß unser Bewußtsein erst lernen, die richtigen Fragen zu stellen. Die Qualität unserer Fragestellung entscheidet über die Qualität unserer Antworten, diese über die Qualität unserer Handlungen und diese schließlich über die Qualität unseres Lebens" (Bachmann 1995, 63). Stellen Sie sich diese Fragen mit Ihrem ganzen Körper: Befragen Sie Ihre Zehen, Ihre Wirbelsäule, Ihre Augen, Beine, Ihr Herz und Ihre Geschlechtsorgane. Jeder Gedanke und jedes Gefühl findet irgendwo in unserem Körper statt.

Es gibt in der Naturwissenschaft und auch in der modernen Psychologie inzwischen die Erkenntnis, daß ein Meßinstrument nur so gut sein kann wie derjenige, der die Messung oder Beobachtung durchführt. Viele Forscher haben heute von der Illusion der Objektivität von Untersuchungen Abschied genommen und wissen, daß sie selbst das wesentlichste Instrument sind. Das gleiche gilt für den im Anhang vorgestellten Partner-Beziehungstest: Es bedarf einer gewissen Übung, die einzelnen Fragen in der Tiefe zu beantworten. Wir können nur so viel beobachten, spüren und feststellen, wie wir uns selbst entwickelt und differenziert haben. Das vorliegende Buch möchte einige Hilfestellungen dazu anbieten.

Für die meisten Paare, die mit diesem „Test" gearbeitet haben, war es eine positive Überraschung, wie viele tragende Aspekte in ihrer Beziehung vorhanden sind. Es kann jedoch auch ein Schockerlebnis entstehen, wenn Sie sehen, „was alles möglich ist". Ich möchte Sie einladen, dann freundlich mit sich umzugehen und die Entwicklungszeit zu berücksichtigen, die solche Lernprozesse benötigen. Es ist wichtig, die Dynamik einer sich entfaltenden Beziehung zu beachten, d.h. zu akzeptieren, daß diese Lernprozesse Zeit brauchen, daß wir einer Beziehung Zeit lassen müssen, sich zu entfalten, bevor wir schnelle Schlüsse ziehen.

Ein guter Gärtner und eine gute Gärtnerin zeichnen sich dadurch aus, daß sie nicht an den zarten Setzlingen ziehen und zerren, sondern sie nur vorsichtig gießen, wärmen, vor allzu heftigen Stürmen bewahren und genügend Dünger zuführen. Sie sind einfach da, sie sind mit ihrer Aufmerksamkeit und einer inneren Ruhe anwesend und nähren die Gewißheit, daß wachsen wird, was wachsen gelassen wird.

Es geht mir in diesem Buch darum, Landkarten zum Bereich persönliches Wachsen, Liebe und Partnerwahl zu entwickeln. Landkarten sind niemals identisch mit der Realität, sondern sie sind Modelle, sie sind mögliche Orientierungen. Darüber hinaus möchte ich Ihnen Möglichkeiten anbieten, bestehende Beziehungen zu vertiefen und Horizonte von Erfüllung zu eröffnen. Die Beschäftigung mit neuen Horizonten kann alte Denk- und Wahrnehmungsmuster auflösen und neues Spüren und Fühlen ermöglichen.

Auf dem Weg zu erfüllenden Beziehungen fragen wir uns: Sollen wir suchen, oder sollen wir uns finden lassen vom Leben? Beide Zugangsweisen scheinen einen wichtigen Aspekt von Glücksfähigkeit zu beinhalten.

Ein Anliegen dieses Buches ist es, die Freiheit der Wahl eines guten Lebenspartners und die Wahlmöglichkeit überhaupt zu verdeutlichen.

Wir sind allerdings in unseren Beziehungen immer auch konfrontiert mit Begegnungen, die uns vom Leben gegeben werden. Wir wählen *und* wir werden zusammengeführt. Dieses Zusammengeführtwerden können wir nicht allein durch Projektion und andere psychologische Konzepte erklären. Wir erfahren in Begegnungen, daß wir die Beziehungen gestalten und auch wieder nicht. Wir machen die Beziehungen *und* wir machen sie nicht. Daß wir zusammenkommen, hat immer auch einen Aspekt der Fügung. Es drückt sich darin so etwas wie eine gemeinsame Bestimmung aus.

Wozu sind wir uns begegnet?

Unsere persönlichen Ziele machen wir selbst, die Bestimmung ist uns auf irgendeine geheimnisvolle Weise gegeben. Wir fühlen, daß vieles in unserem Leben in unseren Händen liegt, anderes jedoch gänzlich außerhalb unseres Einflusses ist. Manches läßt sich einfach nicht *machen*; wir werden dadurch mit Demutsgefühlen konfrontiert, mit unserer Begrenztheit und mit der Erfahrung von größeren Kräften. So bewegt sich die Frage nach einer glücklichen Art des Spielens und guten Partnerschaften auf dem Kontinuum von Allmachtsgefühl, Demut und Ohnmachtserleben, also zwischen Freiheit, Wahl und Selbstverantwortung einerseits und Hingabe, Geschenk und Gnade andererseits.

Gleichwohl braucht es zu einem glücklichen Leben eine Reihe von bewußten Wahlen, die Wahl unserer Tätigkeiten, unserer Freunde und die unseres intimen Lebenspartners. Wir werden uns in diesem Buch mit den verschiedenen Möglichkeiten, zu wählen und zu entscheiden, beschäftigen.

Durch die Partner-Spiele und -Übungen, die dieses Buch Ihnen anbietet, erfahren Sie unterschiedliche Möglichkeiten, sich selbst und Ihren Partner besser kennenzulernen und Ihr Verhaltens-, Erlebens- und Glücksspektrum auszuweiten.

Der Erfolg einer Beziehung hängt nun nicht ausschließlich davon ab, ob wir den oder die „Richtige/n" gefunden haben, sondern auch von einer Menge anderer Faktoren. Es gibt allerdings Menschen, die für eine dauerhafte Beziehung für uns geeigneter sind als andere.

Dieses Buch soll Ihnen helfen, diese für Sie guten Menschen zu finden und zu erkennen und gibt Ihnen einiges wertvolles Handwerkszeug dazu. Insofern können die Erfahrungen mit diesem Buch für Sie ein Experiment und ein Abenteuer sein, indem Sie erleben, was alles möglich ist in diesem geheimnisvollen Prozeß des eigenen Wachsens, der Partnerwahl und der Gestaltung einer intimen Liebesbeziehung.

2. Der spiralförmige Weg nach innen

Sehen wir einen fremden Menschen zum ersten Mal, nehmen wir in Sekunden- oder Minutenschnelle ganzheitlich wesentliche Merkmale von ihm wahr. Das weitere Kennenlernen kann dann als ein Erkennen von außen nach innen beschrieben werden.

Auf dem Weg in eine erfüllende Beziehung begegnen wir uns zunächst an den Randschichten der Persönlichkeit (z.B. Äußerlichkeiten, soziale Rollen, Alter, Klischees, Projektionen und Gefühle), kommen über die Intuition zum unmittelbaren Gewahrsein und schließlich zum Wesenskern (Core). Was das im einzelnen heißt, wird in den jeweiligen Kapiteln ausgeführt. Einleitend möchte ich das nur kurz und vereinfacht bildlich veranschaulichen, und zwar auf zwei verschiedene Weisen.

Einmal als eine Art Zwiebelmodell, in dem jede Schicht um die nächstfolgende herum liegt, oder als expandierende konzentrische Kugeln. Der Entwicklungsweg von einzelnen, Paaren, Gruppen und Organisationen und entsprechend auch die *coredynamischen* Interventionen gehen dabei von außen nach innen. Wenn wir später genauer hinschauen, werden wir sehen, daß dieser Prozeß viel komplexer ist und in der Tat auch alle Ebenen gleichzeitig erfahrbar sind.

Die dadurch veranschaulichte Entwicklung ist jedoch nicht ein linearer Weg, der nur in eine Richtung verläuft. Die Tatsache, daß wir uns immer wieder neu auf den Weg nach innen begeben und der Prozeß als sich wiederholende Vertiefung verstanden werden kann, wird deutlicher im Spiralmodell. Hier ist der Entwicklungsprozeß als ein Weg mit häufigem Auf und Ab vorzustellen, der „jedoch

CORE

Liebe, Wesenskern

Intuition, unmittelbares Gewahrsein

Gefühle, Körper

Bilder, Projektionen, Gedanken

Soziale Strukturen, Konzepte, Klischees

insgesamt unverkennbar in eine Richtung zeigt: transzendieren und umfangen" (Wilber 1996, 408).

Hiermit ist der Prozeß gemeint, daß jede weitere Entwicklungsstufe die vorherige überschreitet, aber auch mitnimmt in dem Sinne, daß sie auf ihr aufbaut, sie umschließt. Der Entwicklungsprozeß geht schrittweise voran, die nächste Stufe setzt die vorherige voraus; wir werden jedoch in den späteren Kapiteln auch die Bedingungen und Möglichkeiten für Entwicklungssprünge untersuchen und einige Gedanken über die Kräfte, die diese Entwicklungen hervorrufen, entfalten.

Dieses Modell ist eher ein didaktisches Modell. In Wirklichkeit hängen alle Ebenen immer schon zusammen, sind alle Erscheinungsformen des Seins *eine* Wirklichkeit (z.B. gibt es keinen Denkvorgang ohne einen Gefühlsanteil und eine im Körper neurophysiologisch nachweisbare Wirklichkeit). Wir können im Alltag und in unserer

Gefühle-Körper

Intuition-Unmittelbares Gewahrsein

Liebe-Wesenskern

Core

Bilder-Projektionen-Gedanken

Soziale Strukturen-Konzepte-Klischees

Entwicklung jedoch nicht immer alles auf einmal wahrnehmen und entfalten, deswegen habe ich es in diesem Modell zur Veranschaulichung in einzelne Ebenen differenziert.

Spontane Öffnungen nach innen können passieren, sind jedoch nicht die Regel. Deswegen brauchen wir eine Anleitung für diesen Weg. Wie jedes Modell vereinfacht die dazugehörige Landkarte diesen komplexen Vorgang.

Jedem Menschen kann es in besonderen Momenten möglich sein, wie in einer blitzartigen Erfahrung durch die Erscheinungen zum Wesen, zum Kern einer Naturerfahrung oder eines Menschen durchzustoßen. Dies kann geschehen beim Anblick einer Katze, einer Möwe, eines menschlichen Antlitzes, eines Sonnenuntergangs, beim Spüren eines Windhauchs, beim Hören des Klangs einer Stimme oder beim Anlehnen an einen Baumstamm. Das Physische kann in jedem Moment sein Übernatürliches entbergen. Auf jeder Ebene ist das Ganze immer schon da. Auch wenn wir nicht bei uns in unserer Mitte sind, ist die Mitte dennoch anwesend. Auch wenn wir uns auf der Klischee-Ebene befinden, ist gleichzeitig das Wesen existent, es ist nur verborgen, und es gibt in diesem Moment kein waches Bewußtsein vom Core, dem Kern. „Das Innen der Dinge ist Bewußtsein, das Außen der Dinge ist Form... Das Innen der Dinge ist Tiefe, das Außen Oberfläche. Aber alle Oberflächen sind Oberflächen einer Tiefe, das heißt, alle Formen sind Formen des Bewußtseins" (Wilber 1996, 148). Ich werde dies in den späteren Kapiteln erläutern.

Eine durch meine therapeutische Praxis geprägte Sichtweise legt mir jedoch die Annahme nahe, daß wir zuerst die äußeren Schalen durchlaufen müssen, um zum „Tieferen" oder „Höheren" zu kommen. Es ist wie das Auswickeln einer Mumie aus ihrem Bänderkokon, Schicht um Schicht wird abgewickelt, bis im Inneren dann ein strahlendes Feuer erscheint. Auch wenn dies über lange Zeit eine Arbeit an einzelnen Aspekten der äußeren Schichten bedeuten und es somit erscheinen mag, daß dadurch der Weg in Stücke zerrissen wird, steht im Hintergrund das Bewußtsein, daß das Ganze immer schon anwesend ist.

Da also die Ganzheit immer schon durchscheint, auch wenn wir uns in einer „äußeren" Ebene befinden, ist die schrittweise aufbauende Konzeption nicht immer stringent Schritt für Schritt durchzuhalten, sind Vorgriffe und Rückgriffe auf jeweils andere Entwicklungsebenen naheliegend und manchmal notwendig.

Wenn wir fragen, welche Möglichkeiten der Entwicklung in uns liegen und wie uns eine beglückende Beziehung gelingen kann, wird die Ebene oder die Seins-Dimension bedeutsam, in der wir diese Fragen stellen. Die Unterscheidung ist wichtig, in welcher Schicht im Zwiebelmodell bzw. welcher Ebene im Spiralmodell ich mich und dich als Gegenüber wahrnehme. Begegnen wir uns in einer Randschicht oder in der Gefühlsdimension oder im Wesensbereich oder vielleicht auch in verschiedenen Bereichen gleichzeitig oder zu unterschiedlichen Zeiten? Meine Erfahrungen als Partner in Liebesbeziehungen und als Therapeut zeigen mir, daß diese Unterscheidungen von großer Wichtigkeit für unsere Möglichkeiten von Erfüllung sind.

Der Aufbau der Kapitel des Buches wird diesem Zwiebel- und Spiralmodell folgen und sich (im Bewußtsein, daß dieser Weg ein ganzheitlicher Prozeß und auf jeder Stufe ein spontaner Durchbruch möglich ist) schrittweise von den äußeren Randschichten der Beziehungspartner zu den Kernbereichen vortasten.

I. Einstieg in die Liebesspirale

Es gibt zahlreiche Theorien über das menschliche Partnerwahl-verhalten. Während das psychoanalytische Modell von eher neurotischem Wahlverhalten ausgeht, ist das Komplementari-tätsmodell der Ansicht, daß wir unser Gegenteil suchen. Beide Theo-rien sind in sich widersprüchlich und nicht belegt.

Ein eher ganzheitlicher Ansatz ist das Modell der „Liebeslandkar-ten" (U. Nuber). Es besagt, daß wir eine innere Landkarte haben, die uns zum Partner führt. Alles wird von früh an auf dieser Landkarte eingezeichnet: das Lachen oder Drohen der Mutter, die Milde oder Strenge des Vaters, die Atmosphäre beim gemütlichen Sonntagsspa-ziergang, der Klang der Stimme der ersten großen Liebe, die Augen, der Mund der gütigen Großmutter, die Gesichtszüge eines frühen Idols etc.

Bei der ersten Begegnung mit jemand, der oder die diese Atmo-sphären unserer inneren Liebeslandkarte auslöst, kann ein Déjà-vu-Erlebnis entstehen, ein Gefühl von tiefer Vertrautheit. Wir fühlen uns wie magisch hingezogen. Dies kann auch geschehen, wenn die Über-einstimmung mit unserer Liebeslandkarte negativ ist.

Wir sind uns unserer Liebeslandkarte meist nicht bewußt. Für bewußtere Wahlen ist es hilfreich, sie gut zu kennen. Die folgenden Kapitel sollen helfen, unsere Landkarten kennenzulernen.

Verliebtheit und Hingezogensein zu anderen Menschen kann uns wie ein blitzartiger Schlag treffen. Wir werden spontan angerührt von etwas Ganzem, wofür wir keine Worte haben. In unserem All-tagsbewußtsein sieht es jedoch so aus, als ob wir zuerst äußere Merkmale des möglichen Gegenübers prüfen.

Wenn wir Kontakt aufnehmen, begegnen wir uns also scheinbar zuerst an den äußeren Randschichten. Wie zwei Elefanten mit unse-rer dicken Haut schubbern wir an dieser etwas faltigen, dicken Staubkruste. Diese dicke Haut ist die äußerste Ebene, die Ebene der Klischees, der Rollenvorstellungen und sozialen Strukturen.

Die erste Kontaktnahme geschieht scheinbar aufgrund von äuße-ren Daten. Wir scheinen zu prüfen, ob gewisse uns wichtige Merk-male wie Geschlecht, Attraktivität, Intelligenz, Kreativität, Alter, soziale Stellung, Religion, Haar- und Augenfarbe, Körpergröße und Figur uns anziehen oder abstoßen. Je nach sozialer Zugehörigkeit, nach regionalen Klischees und Traditionen sind die Vorlieben unter-schiedlich.

30

In Wirklichkeit sind wir schon im ersten Moment zu einer ganzheitlichen Erfassung (also auch seelischer Qualitäten) des Gegenübers in der Lage. Diese zu untersuchen und zu schulen wird Thema der Abschnitte IV, V und VI sein.

Beim ersten Eindruck kann wichtig sein, welchen sozialen Rang der/ die mögliche ParterIn in bezug auf die Attraktivität der Berufe hat: „Du bist Prokuristin, und ich bin Studienrat, oder du bist Angestellter bei einer Lebensversicherung und ich bei den Stadtwerken."

Hinzu kommen der Bildungsstand, die materiellen Besitzgüter, die Art des Kontaktes zu anderen Menschen, der reale Altersunterschied und wie wir ihn *erleben*. Schnell und meist ohne Worte werden Bindungen und Verantwortlichkeiten (z.B. gegenüber Kindern) abgeprüft, die kulturelle Verträglichkeit der Traditionen und Verhaltensmuster erfaßt. Dies geschieht meist in Minutenschnelle, ohne daß es den verbalen Kontrollinstanzen in unserem Gehirn bewußt wird.

Übung „Meine Partnerwahlkriterien"

➤ Wie und nach welchen Kriterien habe ich meine/n letzte/n PartnerIn (und auch die davor) ausgewählt?
➤ Waren mir meine Wahlkriterien bewußt?
➤ Welche sind mir die wichtigsten Gesichtspunkte meiner Wahl?

Forschungen über das Wahlverhalten von Partnern haben herausgefunden, daß in diesen äußeren Merkmalsbereichen eine hohe Übereinstimmung gesucht wird und diese wahrscheinlich auch eine Bedingung für das längerfristige Gelingen einer Partnerschaft ist.

Eine übergreifende Analyse von 17 Studien zur Ähnlichkeit von Partnern hinsichtlich physischer Attraktivität hat die Ähnlichkeitshypothese in Liebesbeziehungen deutlich bestätigt (Pietsch 1996, 53). Feingold entwickelt ein dreistufiges Modell, „wobei auf Stufe 1 diejenigen Partner sich gegenseitig wählen, die ähnliche Ausbildung und berufliche Rahmenbedingungen aufweisen. Erst nach dieser Vorauswahl ... erhält auf Stufe 2 das Thema Attraktivität Bedeutung, ... um dann in Stufe 3 in die Bildung romantischer Beziehungen zu münden" (ebd.).

Die Erforschung des Zusammenpassens hat bisher hauptsächlich nur am äußeren Rand, der Klischee-Ebene, gekratzt. Sie hat gezeigt, daß Klasse, Religion, soziale Herkunft, Bildung usw. meistens übereinstimmen. Es scheint in der Tat sinnvoll, daß hier Übereinstimmungen vorliegen.

Zwar ist ein starker Unterschied, gerade z.b. in kulturellen Hintergründen, von einem gewissen Reiz. Dieser Reiz wirkt jedoch meist nur in der Anfangssituation als Anziehung, später, für die alltäglichen Begegnungen, erweisen sich die Unterschiede meist als Kontakt- und Kommunikationsbarriere.

Hinzu kommt, daß Männer und Frauen grundsätzlich sehr verschiedene Wesen sind, von den körperlichen Reaktionsweisen bis hin zum Erleben, Fühlen und Denken. Wahrscheinlich sind sogar einige Grundbedürfnisse sehr unterschiedlich. Wir können hier nicht über unsere Tiernatur hinwegsehen. Die biologische Ebene ist jedoch immer vermittelt mit der sozialen und geistigen, so daß wir hier sehr genau untersuchen müssen, was biologische Gegebenheiten, was kulturelle Gewohnheitsmuster und seelische Dimensionen sind.

Eine hilfreiche Typologie für unser Wahlverhalten in Beziehungen ist die „Wahlfehlerliste" (H. Volk-von Bialy): Wir können bestimmte Muster erkennen, nach denen wir schon in der Wahl unseres Partners ein Mißlingen vorprogrammieren. Es lassen sich folgende Gruppen unterscheiden:

1. *Sicherheitswahlen:* Jemand wählt einen Partner, bei dem er oder sie sich sicher sein kann, nicht verlassen zu werden („Der kriegt sowieso keine andere."). Hierzu gehören alle wirklichen Abhängigkeitsverhältnisse. Häufig ist hier auch die sog. Second-Choice-Wahl anzutreffen: Jemand wählt aus einer Gruppe von möglichen Begegnungen die Person aus, die er oder sie am zweitattraktivsten findet. Damit wird die Angst vor Ablehnung und ein wirkliches Risiko umgangen. Die Person macht sich jedoch Vorwürfe für dieses „feige Verhalten" und inszeniert regelmäßig Dramen, die schließlich zum Ende der Beziehung führen.

2. *Unterlegenheitswahlen:* Jemand wählt Partner, die von vornherein so überlegen sind, daß durch die Ungleichheit ein Verlassenwerden sehr wahrscheinlich ist („Die ist so attraktiv, die wird mich sicher verlassen."). Durch diese Wahlen kann das Selbstbild, daß man min-

derwertig und nicht liebenswert sei, immer wieder verstärkt werden. Das Fatale ist dabei, daß das Eintreten von „sich selbst erfüllenden Prophezeiungen" („Siehst du, ich habe es ja gewußt!") auch dann noch als lustvoll erlebt werden kann, wenn das Endergebnis schmerzhaft und tragisch ist.

3. *Ähnlichkeitswahlen:* Die Ähnlichkeit mit sich selbst oder zum Beispiel einem Elternteil ist so groß, daß eine freie Entwicklung sehr unwahrscheinlich ist und entweder Resignation oder Trennung die Folge sind. Hier ist oft die Angst vor Unterschiedlichkeit das große Thema, das manchmal als der Todesangst ähnlich erlebt wird.

4. *Unterschiedlichkeitswahlen:* Die Differenz zu eigenen Mustern und Strukturen ist so groß, daß eine Verständigung nicht möglich scheint und somit das Scheitern vorprogrammiert wird.

Diese Wahlmuster können und müssen genau beschrieben und untersucht werden, um einen ständigen Wiederholungskreislauf zu unterbinden.

Lebewesen passen nie vollkommen zueinander. Und: Zueinanderpassen ist kein endgültiger Zustand, sondern ein Prozeß der Annäherung. Unterschiedlichkeit wird immer bleiben, und sie bewirkt viel von dem, was wir in der Liebe als Leiden erleben. Verschiedenheit macht jedoch eine Beziehung nicht unmöglich. Es gibt viele Menschen, die von einem Gegensatzpartner mehr angezogen werden als von einem eher ähnlichen. Diese Gegensatzpaare benötigen jedoch deutlich mehr Übersetzungsarbeit und mehr Arbeit an Vertrautheit und Nähe.

Ähnlichkeitspaare müssen daran arbeiten, ihre Unterschiede, ihr individuelles Profil zu entwickeln, um die Spannung wechselseitiger Attraktivität zu erhalten.

Die Fragen sind: Wieviel Übereinstimmung brauche ich, und suche ich eine/n GegensatzpartnerIn oder eher eine/n ÜbereinstimmungspartnerIn? Und: Nehme ich mich ernst in diesem Bedürfnis?

II. Wenn wir uns näherkommen:

Bilder und Gedanken prägen unsere Wahlen und Kontakte

Kommen wir uns etwas näher, kann es passieren, daß wir uns verlieben.

Haben wir das erste Abtasten hinter uns, prüfen wir das mögliche Gegenüber auf der nächsten Ebene der Persönlichkeitsspirale. Wenn wir durch die Schicht der Äußerlichkeiten hindurchblicken, kommen wir auf die Ebene der Bilder, Gedanken und Projektionen. Sie ist eine zentrale Kontaktebene in dem Erlebensbereich, den die meisten von uns so gerne haben: das Sich-Verlieben mit diesen wunderbaren rauschartigen Gefühlen, mit all diesen Aufregungen und Beglückungen.

Was passiert in der Verliebtheit?

Wir nehmen den möglichen Partner in abtastendem Vergleich mit unseren inneren Bildern wahr. Ohne es uns bewußtzumachen, denken wir: „Du bist so schön, du entsprichst meinen inneren Bildern. Du bist wie die Mama oder der Papa oder wie mein kleiner Bruder oder vielleicht das Gegenteil." Wenn wir also genau hinschauen, merken wir, daß wir Bilder als Partnerwahlschablonen haben. Diese inneren Bilder müssen wir einerseits ernst nehmen, andererseits hinterfragen, ob und wieweit sie uns guttun.

In der Verliebtheits-Projektion bin ich nicht bei mir, sondern beim anderen, mache mir Gedanken über die Gedanken des Gegenübers. Ich schiebe alte Bilder zwischen meine Wahrnehmung und das konkrete Gegenüber. „Du erinnerst mich jetzt an ..., du schaust jetzt genauso wie meine ..." Wir müssen hierfür nicht immer den Vater oder die Mutter strapazieren. Es gibt zahlreiche Leitfiguren unseres Lebens, mit deren Bildern wir den direkten Hier-und-Jetzt-Kontakt unterbrechen können.

In der Verliebtheits-Projektion nehmen wir nur Ausschnitte aus dem komplexen Sein des Gegenübers wahr, wenngleich wir in wachen Momenten auch die Stimme unserer Intuition hören können, die uns schon im ersten Moment einen ganzheitlichen Eindruck des Gegenübers und der Situation, in der wir beide sind, vermittelt.

Es gibt in unserem Körper, in unserem Erleben einige Kriterien dafür, daß wir uns im Zustand der Verliebtheits-Projektion befinden, nämlich:

➤ wenn wir innerlich oder äußerlich aufgeregt sind,
➤ ein starkes, rauschhaftes (Glücks-)Gefühl empfinden,

- ein dranghaftes Verführen-Wollen spüren (ohne uns dieses Vorgangs bewußt zu sein),
- wenn wir die Begegnung ungeduldig kaum mehr erwarten können, wenn wir uns im besten Licht zeigen und die Schattenseiten verbergen wollen („Als-ob-Verhalten"),
- wenn wir gierig *haben* wollen,
- wenn wir ständig in Bildern denken,
- wenn wir ein Gefühl von altbekannter Begegnung (das nicht auf Erfahrung beruht) träumen, ohne ein Gefühl von Sicherheit und wirklichem Bei-sich-Sein zu spüren,
- wenn wir begeisterte und verklärende, überhöhende und anhimmelnde Worte, Empfindungen oder Gesten spüren und/oder ausdrücken,
- wenn wir Zerrissenheit spüren,
- den Atem zurückhalten
- und Herzklopfen bis Herzrasen spüren.

Diese Kriterien müssen nicht immer alle zutreffen, sie sind auch als einzelne je nach Stärke ein Indikator dafür, daß wir nicht „zu Hause bei uns" sind.

Diese Zustände sind Hinweise für ein Nicht-bei-sich-Sein, es sind Beschreibungen des „Ich-werfe-mich-aus-mir-heraus-Zustands". Verliebtheits-Projektion kann sich so ausdrücken, daß wir die Wohnung voll mit Photos von diesem ersehnten Menschen haben. Indem ich mich durch dieses ständige Hinschauen definiere (wie es das Kleinkind ja auch tut), schaffe ich mir eine Identität und damit ein emotionales Überleben-Können.

Verliebtheits-Projektion dient zur Vermeidung der Angst vor dem Unbekannten und dem Alleinsein und der Vermeidung des Bewußtseins, daß ich eigentlich ein Einzelwesen bin, das aus dem Mutterbauch herausgedrückt worden ist, dessen Nabelschnur durchtrennt wurde und das für sich selbst und seine Gefühle und Empfindungen Verantwortung übernehmen muß.

In dieser Form der Projektion können wir ein ständiges Nach-außen-Drängen des inneren Kindes – verbunden mit einem Verlust des Kontaktes zum erwachsenen Erleben – beobachten. Es ist wirklich ein Zustand des Da-drüben-Seins beim ersehnten Gegenüber. Dieser Zustand ist einerseits wunderschön, und er ist zugleich das

Warnsignal par excellence. Wenn ich da drüben bin, wenn ich bohrende Sehnsucht habe, nehme ich nicht wirklich wahr. Denn ich kann nicht wahrnehmen, was wirklich ist, wenn ich außer mir bin.

In diesem Zustand stoppt der innere Dialog mit der eigenen Weisheit. Das innere Gespräch verläuft in dieser Phase meist mit dem ersehnten Gegenüber.

Dieser charakteristische Zustand des Projizierens ist so verführerisch, weil er so schön ist, weil er den Adrenalinspiegel hochjagt, weil alles Leben dann bunter, rauschhafter wird. Dieses Rauschhafte ist ein Hinweis darauf, daß wir in diesem Zustand nicht wählen können und nicht entscheiden können. Unsere Wahrnehmung engt sich ein auf einen schmalen Ausschnitt der Wirklichkeit. Wir sind in dieser Verfassung fast blind und sind nicht im Kontakt, weder mit uns noch mit dem realen Gegenüber. So können wir nicht entscheiden, ob er oder sie gut für uns ist, weil wir nicht wirklich etwas Wesentliches wahrnehmen.

Ich kann mir dieses Rausches bewußt werden und lernen, auf ihn zu verzichten – und das ist ein Verzicht wie auf eine Droge mit allen begleitenden Entzugserscheinungen. Verliebtheits-Projektion ist wie eine Droge, denn ein suchterregender innerer Körperstoff, das Adrenalin, wird produziert und in den Blutkreislauf abgegeben. Ähnliches geschieht bei der Arbeitssucht und bei allen anderen Nicht-bei-sich-Sein-Süchten, wie z.B. der Kontakt-Sucht. So kann auch die Verliebtheits-Projektion eine Sucht sein oder werden.

In diesem Bewußtseinszustand empfinden oder sehen wir etwas, das nicht der Situation angemessen ist. Wir beschäftigen uns mit Phantasmen, die nicht aus der Hier-und-Jetzt-Situation resultieren, sondern aus unserer dazwischengeschobenen Erinnerung oder Erwartung.

Wir springen von der Erinnerung in die Erwartung (und umgekehrt) und überspringen dabei die Gegenwart. Eine Übung, die uns auf dem Weg in die Gegenwart unterstützen kann, ist folgende:

Übung „Animus und Anima"

Fragen Sie sich: Welche inneren Bilder habe ich von einem Partner oder einer Partnerin für mich? Was ist mein innerstes Urbild oder Idealbild eines Mannes oder einer Frau für mich?

Lassen Sie sich einige Atemzüge Zeit, dieses innere Idealbild in sich erscheinen zu lassen. Es ist wie ein Hinblicken auf eine altbekannte innere Wesenheit, die Ihnen vielleicht entgegenkommt und Sie anblickt.

Wir nennen dieses altbekannte Bild oder Wesen in uns unsere **innere Geliebte** oder unseren **inneren Geliebten** oder auch **Anima** (bei Männern)oder **Animus** (bei Frauen).

Sie kennen dieses Bild vielleicht aus Träumen, Ahnungen, Erinnerungen oder einem kurzen Aufleuchten. Schauen Sie es sich an und lassen Sie sich Zeit, sich die einzelnen Merkmale bewußtzumachen. Unsere Anima/ unser Animus hat einen großen Einfluß auf uns. Dieses innere Bild ist ein symbolischer Ausdruck eines Aspekts Ihrer tiefsten Seelenenergie. Es kann Sie begleiten und schützen, sich aber auch störend als Schleier zwischen Sie und Ihr Gegenüber schieben.

Wenn es deutlich geworden ist, können Sie sich fragen: Wie ähnelt mein Idealbild meiner Erfahrung mit meinem Vater oder meiner Mutter, oder wie unterscheidet es sich von ihr?

Und nun schauen Sie wieder auf Ihren realen Partner oder Ihr ersehntes Gegenüber und fragen Sie sich:

Wie kann ich lernen, den Unterschied zwischen meinem inneren Ideal und der äußeren Realität zu sehen, anzunehmen und zu bejahen?

Wie fühlt sich das an, auf das innere Ideal im Außen verzichten zu müssen?

Wie können wir unterscheiden lernen, was wirklich bei unserem Gegenüber geschieht oder was wir in sie oder ihn hineinlegen (projizieren)? Den Vorgang der Projektion können wir durch folgendes Experiment erfahren:

Mal wird es bezaubernd schön sein, dann wie ein Monster aussehen, es wird sich bewegen, mal schief, mal gerade sein, dann wird es Sie an bestimmte andere Menschen erinnern, dann völlig unbekannt und wie noch nie gesehen aussehen. Dies sind alles Bilder, die aus dem Unbewußten aufsteigen und sich zwischen uns und den Partner schieben. Wir erfahren dabei, daß es nicht nur Verliebtheits-Projektionen gibt, sondern vielfältige Möglichkeiten, die Wahrnehmung des Gegenübers zu verfälschen. Auch nach der Verliebtheit stellen wir noch Bilder zwischen uns und unser Gegenüber, die den Kontakt behindern können.

Manchmal sind es einfach nur Bilder, die wir dazwischenschieben, manchmal sind es Gefühlsqualitäten wie z.B. Ärger, Haß, Angst oder Dankbarkeit, die ein Bild hervorrufen.

Es ist gut, nach dieser Übung *nicht* viel darüber zu sprechen. Unsere wildesten Projektionen sind unsere Privatsache und haben nur sehr wenig mit dem Gegenüber zu tun. Die Mitteilung könnte manchmal unnötig verletzend sein.

Nun gibt es auch Menschen, die sich nicht verlieben wollen und nicht verlieben können. Nach meiner Erfahrung sind die Menschen, die sich *nicht mehr* verlieben können oder wollen, Menschen, die Erfahrungen damit gemacht haben, verlassen worden zu sein. Sie wurden wahrscheinlich enttäuscht, verletzt oder mißbraucht. Sie haben sich früher einmal, mit 16 oder 18 oder 20 Jahren, verliebt und haben danach beschlossen: „Ich verliebe mich nicht mehr." Wieder verlieren zu können, was sie ersehnen, ist in ihrem Erleben schlimmer, als es nie gehabt zu haben.

„Menschen, die vor ihren Gefühlen und vor dem Leben als solchem Angst haben, tun oft unbewußt und aus Unkenntnis alles, was in ihrer Macht steht, um die große Erfahrung der Einheit zu vermeiden"

(Pierrakos 1994, 87). Diese Struktur bringt viel Leid, weil sie zur Abgrenzung, zur Isolation, zur Abtötung der Liebe führt.

Wir gehen auf dem Weg nach innen in der Regel durch alle Schichten von außen nach innen hindurch. Wenn wir einen Partner treffen, der oder die unsere inneren Bilder anspricht, kann es sein, daß wir uns verlieben. Dieser Vorgang steht am Anfang, und wir müssen dann erst durch die Ebene der Projektionen und Bilder hindurchgehen. Dies kann ein schmerzhafter Prozeß sein.

Es gibt Ausnahmen bei Menschen, die sich zum Beispiel schon lange als Freunde kennen und schätzen oder lange zusammen in einer Therapiegruppe gewesen sind und sich mit allen Licht- und Schattenseiten kennen. Dort kann es vorkommen, daß sie sich aufgrund eines tiefen Kennens zu einer Beziehung entschließen und die Phase der Verliebtheit überspringen. Die Liebe ist dann auf einer tieferen Ebene gewachsen, ohne den Sturm und Drang der Vorstellungen und Bilder. Das setzt allerdings eine Reife der Beteiligten voraus, die nur mit langer Beziehungserfahrung und Bewußtseinsarbeit zu erlangen ist.

Ich projiziere heißt: Ich werfe mich aus mir heraus. Dies ist der erste Schritt der Kontaktnahme. Wenn ich schon von vornherein (z.B. aus Angst vor Verletzungen) darauf verzichte, komme ich gar nicht zum Kontakt.

Viele paartherapeutische Autoren haben die Verliebtheit als rein pathologisch, als zu verdammende narzißtische Symbiose, als Aktualisierung regressiver Kindheitsbedürfnisse verurteilt. Es ist jedoch wichtig, auch die andere, die kontaktstiftende Seite der Verliebtheit zu würdigen.

Durch die Auflösung alter, starrer Grenzen in der Verliebtheit kann eine tragende Grundlage für die spätere Lebensgemeinschaft gelegt werden. Es kann eine Vision entstehen, die neue Kräfte mobilisiert, die Engagement und Kreativität hervorlockt und die bisher zerstreuten Energien bündelt. Verliebtheit führt meist zu einer überwältigenden Belebung der Partner. Diese Belebung ist eine Erfahrung, auf die später in positiver Weise zurückgegriffen werden kann („Damals war es schön – Glück zwischen uns war möglich"). Außerdem gibt es Menschen, die trotz der symbiotischen Verschmelzung in der Verliebtheit ihre Kritikfähigkeit aufrechterhalten und erwachsenen Kontakt gestalten können.

Eine weitere positive Qualität der Verliebtheit ist, daß es in diesem Zustand möglich wird, bewußt oder unbewußt in Kontakt mit etwas zu kommen, das ich in mir suche und habe, aber vorerst nur beim anderen wahrnehme. Dies können Eigenschaften sein oder auch der Kontakt zu unserer Essenz. Ich werde in späteren Kapiteln Wege aufzeigen, mit dieser Essenz in Berührung zu kommen.

Verliebtheit erleben viele als wunderbaren Zustand. Und nach einiger Zeit ist es genug damit. Irgendwann hört er auf. Wir können und sollen mit dem Verzicht umgehen lernen. Das ist unangenehm, aber unumgänglich.

Es ist gut, das Verliebtsein zuzulassen, es wirklich zu leben, auszuleben und auszuloten, was dort zu finden ist, Erfahrungen damit zu sammeln und danach zu entscheiden, wo man hinwill. Aber den Impuls nach Verliebtheit schon abzublocken, bevor er sich entfalten kann, kann krankmachend sein. Der Impuls will leben, und nachher schaue ich, ob er weiterleben soll.

Und ich betrachte, wie häufig ich mich verliebe. Wenn ich mich jede Woche in einen neuen Menschen verliebe, ist das vielleicht die Sucht nach dem erhöhten Reizpegel, nach der starken Erregung, ohne die manche Menschen kaum mehr etwas spüren. Dies ist etwas anderes, als wenn es einmal im Jahr passiert und dann der Ausdruck von Lebensfreude und Kontaktbedürfnis sein kann.

Manche Menschen verlieben sich auch immer wieder in den (selben) Lebenspartner. Dies ist eine erstrebenswerte Fähigkeit und ermöglicht die Energiezufuhr, die wir für eine langfristig erfüllende Beziehung benötigen.

Mir wird oft die Frage gestellt, wie lange die Verliebtheit dauern darf oder soll. Die Antwort ist ganz klar: Die Verliebtheit kann so lange dauern, wie Sie möchten, sie sollte jedoch spätestens in dem Moment aufhören, in dem Sie sich für diesen Partner oder diese Partnerin entscheiden wollen. D.h. *vor* der Heirat, *vor* dem Zusammenziehen, *vor* dem gemeinsamen Kinderzeugen. Ansonsten aber so lang, wie Sie wollen, denn es ist ein wunderschöner Zustand, getragen von Adrenalin und Phenethylamin und alldem, was im Körper im Zustand der Verliebtheit herumtanzt.

Aber die heftigen Empfindungen und Bilder dieser Phase eignen sich nicht für die Entscheidung: Gehen wir zusammen durchs Leben? Was ist gut für mich? Was ist gut für uns?

Eine Möglichkeit, die Wucht der Projektionen zu verringern, bieten die Fragen: Was fehlt mir, was ich im anderen suche? Was ist der Grund meiner Sehnsucht? Welche *Bedeutung* gebe ich meinem ersehnten Partner oder Partnerin? Ist es vielleicht die Bedeutung dieses Kontakts, die mich treibt und die mit der realen Beziehungswirklichkeit nur wenig zu tun hat?

Eine weitere Kontaktbarriere kann Beziehungen verunmöglichen: Das sind nicht bewußtgemachte, in sich widersprüchliche Erwartungshaltungen an den Partner oder die Partnerin.

Wenn ein/e KlientIn sehr lange erfolglos einen Partner sucht, gebe ich folgende Übung:

Übung „Erwartungshaltungen"

Schreiben Sie zuerst assoziativ alle Erwartungshaltungen auf, die Sie an einen möglichen Partner haben. Hören Sie nicht auf zu schreiben, bis Sie nicht mindestens 30 Eigenschaften, Charakter-, Aussehens- oder Verhaltensmerkmale gesammelt haben.
(Wenn Sie diese Übung selbst durchführen wollen, machen Sie das *jetzt*, *bevor* Sie weiterlesen, sonst geht Ihnen ein Aha-Erlebnis verloren.)
Erst nach der Sammlung ordnen Sie sie, indem Sie zusammengehörige Gegensatzpaare (z.B. selbständig – soll sich versorgen lassen; mir überlegen – sich mir unterordnend) suchen und diese gegenüberstellen. Dann lassen Sie sich Zeit, diese Auflistung zu betrachten, und stellen Sie sich diesen Menschen vor, wie er sein müßte, um all diese Eigenschaften zu erfüllen.
➤ Ist es möglich, diese Gegensätze in sich zu vereinigen?
➤ Welche Konsequenzen müßte ich hinsichtlich meiner Erwartungshaltungen ziehen?

Durch widersprüchliche Erwartungshaltungen können wir Beziehungen paralysieren, weil immer mindestens eine Erwartungshaltung frustriert wird. Wenn die immanente Unmöglichkeit nicht erkannt wird, läuft der Partner regelmäßig in eine Falle und wird entweder aggressiv oder resigniert oder wird depressiv.

Die schmerzhafte, aber notwendige Konsequenz ist hier, sich dieser Widersprüchlichkeiten bewußt zu werden, zu realisieren, daß ich auf einiges verzichten muß, und dann Entscheidungen zu fällen, worauf ich verzichten kann und was ich wirklich will.

Spannend und erhellend ist, wenn beide Partner ihre getrennt voneinander erstellten Listen miteinander vergleichen und besprechen. Die nachfolgenden Aha-Erlebnisse ermöglichen ein Auftauchen aus oft jahrelangen alten Grabenkämpfen und ein schmunzelndes Erkennen, daß solche unvereinbaren Anforderungen an den anderen eine befriedigende Beziehung unmöglich machen.

Da wir aber widersprüchliche Wesen sind, wird eine Restspannung immer bleiben und ein jeweils erneutes Aushandeln notwendig sein:

➤ Wo kann ich dir entgegenkommen?
➤ Wo kann ich dir zumindest teilweise beides bieten?
➤ Wo kannst du mich durch einen Verzicht entlasten?

Diese Doppelbotschaften haben mit alten inneren Bildern zu tun, die wir früh verinnerlicht haben. Sie hängen zusammen mit kindlichen Allmachtsphantasien, Vollkommenheitsvorstellungen und Erlösungswünschen. Diese führen zu Mystifizierungen des Partners und sind oftmals Ausdruck einer Weigerung, den Partner als realen Menschen zu sehen.

Insbesondere Menschen, die Angst vor einer Beziehung haben, nehmen diese „unmöglichen Erwartungen" als Grund, sich nicht auf eine Beziehung einlassen zu müssen, da es ja sowieso niemanden gibt, der diesen Erwartungen entsprechen kann.

Der einzige Weg, um frei von diesen Phantasmen zu werden, ist, sie sich immer wieder bewußtzumachen: die Bilder, Gedanken und Projektionen zu sammeln, aufzuschreiben, zu gestalten (z.B. malen) und sie in ihrer Wirkenergie auf unser alltägliches Verhalten zu ergründen. Der nächste Schritt ist dann, die zugrundeliegenden Gefühle zu erforschen und zu leben. Die Dialogmethode der Gestalttherapie kann die Auseinandersetzung mit diesen unbewußten Polaritäten vertiefen:

Übung „Integration von Gegensätzen"

Nehmen Sie eines dieser Gegensatzpaare, das Ihnen besonders wichtig ist, und wählen Sie für jede Seite einen Platz (oder Stuhl) im Raum. Gehen Sie nun zu der einen Polarität und werden Sie ganz zu dieser Eigenschaft und sprechen Sie als solche zu der anderen Eigenschaft. Nach einiger Zeit, wenn es für Sie stimmt, wechseln Sie die Rollen und werden zu der anderen Eigenschaft. Hören Sie von diesem Platz aus noch einmal zu, was Ihr „Gegenpart" auf der anderen Seite zu Ihnen gesagt hat und sprechen Sie dann über sich zu der ersten Eigenschaft, alles, was zu dieser Qualität in Ihnen an Worten aufsteigt. Wenn Sie diesen Wechsel mehrmals vollziehen, werden Sie interessante Erfahrungen machen. Die bisher unbewußten Anteile in Ihnen werden sich verdeutlichen, die Gegensätze können sich nach einiger Zeit auflösen oder auf einer anderen Stufe der Wirklichkeit integriert werden.
Ein andermal nehmen Sie ein weiteres Gegensatzpaar und arbeiten daran. Sie werden so Ihre eigene Psychoökonomie und auch die Ihres Partners/ Ihrer Partnerin sehr entlasten, weil Sie sich von unrealistischen Erwartungen befreien können.

Die inneren Bilder haben eine ungemeine Kraft und großen Einfluß auf unsere Kontakte und Partnerwahlen. Viele Begegnungen bleiben auf der Ebene der Bilder stehen; wenn wir uns jedoch weiter einlassen, gelangen wir in den Bereich des Spürens, der Gefühle, des Körpers.

III. Die Gefühle und der Körper weisen den Weg

3. Gefühle wollen leben

Wenn wir uns durch das Schattenreich der Bilder durchge-
tastet haben und weiterforschen, kommen wir in den
Bereich der Gefühle. Psychologen gehen in der Regel von
einigen Grundgefühlen aus, die in allen Kulturen der Menschheit
vorkommen und mit einem deutlich unterscheidbaren Gesichts- und
Gesamtkörperausdruck einhergehen. Ihr Ausdruck und ihre Entfaltung ist für einen befriedigenden Kontakt sowie für die emotionale
und körperliche Gesundheit entscheidend.

Nach meiner Erfahrung sind wesentliche Gefühle:

➤ Freude (stärker erscheinend dann als Lachen)
➤ Trauer
➤ Angst (spezifisch erscheinend als Furcht)
➤ Ärger (stärker sich zeigend als Wut, dann als Haß)
➤ Ekel
➤ Scham
➤ Lust
➤ Mitgefühl
➤ Demut
➤ Dankbarkeit
➤ Seligkeit

Die Grundbewegung (E-Motio) ist dabei entweder auf etwas oder
jemanden hin oder davon weg gerichtet. Gefühle sind eine Grund-
orientierung des Organismus in bezug auf das, was gut oder nahr-
haft, schädlich oder bedrohlich für mich (oder meinen Nächsten, z.B.
ein Kind oder den Partner) ist.

48

Es gibt die Gefühle der Hinbewegung (Freude, Ärger, Wut, Lust, Mitgefühl) und die Gefühle der Wegbewegung (Angst, Ekel, Haß) und des Selbstschutzes (Scham). Ferner der Ausdruck der nicht möglichen Hinbewegung (Trauer) und der erfüllten Hinbewegung (Dankbarkeit, Demut, Seligkeit). Wir können uns vor den Gefühlen fürchten oder sie als Erregung genießen.

Jedes Gefühl hat seine ihm eigene Richtungsqualität und Erregungskurve und tendiert dazu, diesen Ausdrucksprozeß voll und ganz bis zum vollen Kontakt zu durchlaufen. Wird der Gefühlsausdruck falsch gerichtet oder irgendwo unterbrochen, entstehen Spannungen, die sich verfestigen und verselbständigen können. Diese „unerledigten Geschäfte" können dann weitere Kontakte behindern und langfristig zu Krankheit und Isolation führen.

Die wesentliche Frage ist also: Können meine Gefühle in dieser Beziehung leben, kann ich sie ausdrücken, und werden sie so erwidert, daß sie sich entfalten und ausdrücken können?

➤ Können wir uns miteinander freuen und miteinander lachen?
➤ Dürfen unser Ärger, unsere Trauer, unsere Angst hier wirklich leben?
➤ Ist unser Mitgefühl willkommen?
➤ Verstehen wir gegenseitig unsere spezifische Art von Seligkeit und Demut?
➤ Was können wir tun, damit wir unseren Gefühlen mehr Raum geben und sie sich mehr zeigen, ausdrücken und entfalten können?

Wenn wir in diesen Bereichen Bereitschaft und Übereinstimmungen finden, dann haben wir Grundlagen, auf denen wir aufbauen können. Wenn zwei nicht miteinander lachen und weinen, sich ärgern und ängstigen können, wird es sehr schwer, das tiefere Miteinander-Schwingen zu erreichen. Haben sie Übereinstimmung bei diesen Grundimpulsen, dann können sie zur nächsttieferen Kontaktebene vordringen.

Wenn wir nicht miteinander lachen und weinen können und die organischen Grundempfindungen, wie sich riechen (unsere Nase können wir nicht überlisten), schmecken, berühren, anschauen mögen und sich körperlich miteinander wohlfühlen nicht übereinstimmen, dann brauchen wir gar nicht weiterzugehen.

Es gibt jedoch auch Fehler in der körperlichen und emotionalen Anfangseinschätzung des Gegenübers. Wenn ein Teil in uns spürt, daß es sich hier um einen guten Partner handeln könnte, kann es auch dazu kommen, daß wir weglaufen. Wir projizieren alte Ängste oder Bilder und erkennen somit die Möglichkeiten dieser Begegnung nicht, weil wir Angst haben, dieses Gegenüber könnte uns wirklich glücklich machen. Es wird von vielen Menschen als die größte Gefahr erlebt, glücklich werden zu können und ihre obere Grenze von Glück ausdehnen zu müssen (s.u.). Das erscheint als sehr gefährlich, weil sie sich dann endgültig von ihren Eltern und entsprechenden Werten und Gewohnheiten lösen müßten, und das macht Angst.

Wenn wir uns fragen, ob wir miteinander glücklich werden können, gilt traditionell: „Die euphorischen Gefühle sind da, ich bin verliebt, alles ist Klasse, aha, das wäre doch was."

Und genau da setzt die Täuschung ein, denn Projektionen und Gefühle sind ganz kurzlebige organismische Reaktionen. Gefühle können Minuten oder Stunden dauern. Projektionen können aufgrund der Verliebtheitsenergie manchmal – wenn wir Glück haben – ein halbes oder ein dreiviertel Jahr überleben. In beiden Fällen handelt sich um vorübergehende Reaktionen unseres leib-seelischen Organismus.

Gefühle und Gedanken, Bilder und Projektionen sind vergänglich und haben wenig mit wirklicher Liebe zu tun. Eine Beziehung wird, wenn sie einzig darauf aufgebaut ist, wahrscheinlich scheitern, weil – einfach als organismische Realität – die Energie dieser Gefühle kommt und geht und vor allem die Anfangsverliebtheit mit Sicherheit vergeht.

Und dennoch sind diese Gefühle und unsere Körperempfindungen Grundlage des Beziehungsaufbaus, weil sie ein wesentlicher Aspekt unseres Seins sind. In diesem Bereich finden unsere bewußten oder unbewußten Vorauswahlen statt. Die Gefühle und der Körper weisen uns den Weg, daß hier mit diesem Menschen zumindest potentiell die Möglichkeit des Austauschs wesentlicher organismischer Reaktionen möglich ist und daß es Sinn macht, sich weiter einzulassen und weiterzuforschen. Wir brauchen es, daß unsere Gefühle und unser Körper leben dürfen und können.

4. Anerkennen unserer Tiernatur

In einem gewissen Sinne ist der
Mensch ein Mikrokosmos des
Universums;
daher ist das, was der Mensch ist,
ein Hinweis auf das Universum.
– *David Bohm*

Der Mensch kann als ein repräsentativer Ausschnitt aus dem Universum gesehen werden. Als dieser Ausschnitt des gesamten Kosmos trägt er die Vielfältigkeit des kosmischen Ganzen in sich. Wenn wir uns diese Idee nur einen kleinen Moment lang vergegenwärtigen, daß wir als Einzelwesen ein Ausschnitt aus dem gesamten riesigen Universum sind, dann können wir vielleicht eine Vorstellung davon bekommen, was es heißt, wenn zwei solche Ausschnitte, zwei solche Repräsentanten des gesamten Kosmos aufeinandertreffen. Das sind dann zwei fast unendliche Informationsmengen, hochdifferenzierte Schwingungsarten und Erfahrungsweisen, die sich begegnen.

Da sie aus der gleichen Grundsubstanz, nämlich dem Universum, entstanden sind, müßten sie eigentlich wegen der großen Menge an Ähnlichkeiten der Grundstrukturen leicht zusammenpassen.

Die Gesamtmenge der Aspekte ist jedoch so vielfältig unterschieden, und es gibt so zahlreiche unterschiedliche Schwingungsmöglichkeiten dieser „Ausschnitte aus dem Universum", daß – wie ja auch die Erfahrung zeigt – in der Realität ein vollständiges Zusammenpassen selten vorkommt.

Mit Paarbeziehungen, die auf Gleichberechtigung und Ebenbürtigkeit beruhen, haben wir noch wenig Erfahrung. Erst seit einem halben Jahrhundert wird dies zunehmend die angestrebte Partnerform, während wir viele Jahrtausende nicht-gleichberechtigter Beziehungsstrukturen als unsere historische Bürde in uns tragen.

Der Mensch ist ein geistig-soziales Wesen, das seine wesentlichen Impulse, Bedürfnisse und Verhaltensweisen nach den Sinngehalten und *Bedeutungen*, die eine Situation oder eine Person für ihn beinhalten, ausrichtet (vgl. Kap. 18). Partnerwahl beruht im wesentlichen auf einer ganzheitlich-intuitiven Erfassung des möglichen Lebens- und Bedeutungskontexts, der Story, die mit diesem Menschen möglich scheint. Gleichzeitig sind wir biologische Organismen.

Meine Erfahrungen als Paartherapeut zeigen, daß es für jegliche Kontaktnahme zwischen Menschen hilfreich ist, wenn wir uns dessen bewußt sind, daß wir als Lebewesen die gesamte Tiernatur in uns tragen, d.h., in unseren Verhaltens- und Erlebensmustern sind wir Jahrmillionen Jahre alt. Die mentale Zivilisation ist im Vergleich dazu sehr kurz, einige zehntausend Jahre, aber in uns liegen Jahrmillionen von animalischer Erfahrungsqualität.

Anschaulich wird dies in der Entwicklung des Embryos deutlich: Wir durchlaufen im Mutterbauch die gesamte Geschichte der Tierentwicklung, vom Einzeller zu einem kleinen Zellhäufchen über das Fischestadium zum Reptil, bis wir in der vorletzten Phase säugetierähnlich werden und dann noch in der Hirnentwicklung ein Wachstumsschub zum menschlichen Wesen erfolgt.

Es leben in uns also, metaphorisch gesprochen, verschiedene Urtiere. Diese Urtiere in uns sind sehr primitiv, kämpfen um ihr Überleben und ihre Arterhaltung, sind aggressiv. Dieses Tierische in uns ist wild und ungebändigt, will reinbeißen, will fressen, ist undifferenziert, will wegdrängen, will Macht, will Raum, will Platz. Dieses Urtier in uns ist ständig da. Es ist das in uns, was Trennung will, was Abgrenzung will, was Macht installiert.

Und neben diesem Strom von „Ich will fressen, und ich will anders sein als du" gibt es einen zweiten großen Strom in uns, diesen Strom der Verbindung, der uns zusammenführen will.

Dies mag daran liegen, daß irgend etwas in unserer tiefsten Struktur sich vermehren will. Ich bin der Überzeugung, daß dieses Sich-vermehren-Wollen mit einem starken Trieb zur Unsterblichkeit zu tun hat. Diese Angst vor dem Tod, das Uns-fortpflanzen-Wollen führt uns in diese schwierige, konfliktreiche Verbindung zwischen Mann und Frau. Und wenn wir tiefer schauen, erkennen wir einen damit zusammenhängenden Grund für die Verbindung: die Angst vor der Isolation und dem abgrundtiefen Gefühl der Einsamkeit in diesem riesigen Universum.

Macht und Sicherheit sind intrapsychisch sehr verwandt. Bei Macht und Sicherheit geht es im wesentlichen um die Überwindung der Einsamkeits- und Todesangst. Wenn wir uns verbinden, können wir für Momente die Angst vor der Isolation verringern, können wir in die Einheit schmelzen. Gleichwohl bleiben wir jedoch in unserem alltäglichen Erleben Individuen, die sich seit der Geburt als getrennte Wesen erfahren und dies auch sind. Wir kommen allein auf diese Welt, und wir werden allein von dieser Welt gehen. Je nachdem, von welcher Sichtweise aus wir uns betrachten, erkennen wir die Getrenntheitserfahrung als wirklich *und* zugleich als eine Täuschung, als Illusion.

Denn unterhalb dieser Ebene der Spitze des Eisbergs unserer singulären Persönlichkeit liegt der Bereich dessen, in dem wir je schon verbunden sind. Das ist die Ebene der Zwischenleiblichkeit: Wir sind als Leiber, als Körper, als Organismen je schon energetisch im Schwingungsfeld des Universums verbunden, d.h., es ist eine Illusion, daß wir getrennt seien. Dennoch trennen wir uns oft von der Wahrnehmung dieser Verbundenheit ab.

Dies ist ein wichtiges Paradox im Verstehen von Beziehungen und Menschsein überhaupt: Es gibt die Getrenntheit *und* die Verbundenheit. Es ist wichtig, daß wir jeweils beides im Zusammenhang bedenken. Beides sind Strömungen in uns, die polar zusammengehören: Wir sind als Liebende oder als Partner menschenwegbeißende Liebeswesen oder auch liebevolle Misanthropen, also liebevolle Menschenhasser. Dies ist die Verbindung aus: „Ich mach dich fertig" und: „Ich sehne mich nach dir und trage dich und schütze dich", die Verbindung aus: „Laß mir meinen Raum, ich brauche diesen Platz" und: „Hier bin ich, und ich bin für dich da."

Diese beiden Erlebensweisen bestimmen uns seit Jahrmillionen. Wenn wir in Beziehungen auf Distanz gehen, wenn wir aggressiv werden, wenn wir uns abtrennen wollen, ist dies kein persönliches Versagen, sondern kann, genauso wie umgekehrt das Zueinanderhin-Wollen eine tiefe organismische Reaktion sein. Diese polare Spannung bleibt immer erhalten. Wir können sie niemals weder wegdefinieren noch wegtherapieren, noch wegmeditieren; diese Spannung von: „Ich will dich" und: „Bleib mir vom Leibe" ist immer da. Und genauso umgekehrt: „Laß mich in Ruhe" und: „Ich bin für dich da."

Beide Strebungen des Menschen sind immer anwesend, und wenn wir uns dessen nicht bewußt sind, können wir leichter in diese leidvollen, nach unten führenden Beziehungsspiralen geraten, als wenn wir diese Seinstatsache wie selbstverständlich in unser Alltagsbewußtsein aufnehmen. Auf diese Weise kann in aktuellen Paarkonflikten eine Entdramatisierung möglich werden. Wir können aus einem momentanen Konflikt die dramatisierende Energie herausnehmen und können aufhören, den/die andere/n dafür zu beschimpfen, daß wir ihn oder sie gerade so unausstehlich finden.

Wir wollen kämpfen, und wir wollen lieben, und das kann manchmal sehr schnell umkippen. Wenn wir in diesem Umkippen ein Drama sehen (mit Schuldgefühlen und Schuldvorwürfen), dann *produzieren* wir dieses Drama.

In bestimmten Phasen der Begegnung, vor allem in der Anfangsphase, gewinnt die Strebung, sich zu verbinden, die Oberhand. Es entsteht ein Sog aufeinander zu, weil etwas in uns sich verbinden will. In diesem Sog werden wir teilweise blind für den Kontakt- und Wahlprozeß und sind oft nicht zu einem ruhigen und kritischen Prüfen in der Lage.

In der Verliebtheit löscht die Natur unser kritisches Bewußtsein und die reflektierenden Wahlfunktionen in uns aus. Wir können in dieser Phase nicht mehr mit Abstand darüber nachdenken, was gut für uns ist.

Dies sind die Grundannahmen einer *organismischen Konzeption vom Menschen*. Weil wir als Menschen biologische Wesen sind, sind diese Annahmen von so zentraler Bedeutung für die Gestaltung unseres Wachstums und beglückender Beziehungen. Wir müssen diese Anschauung jedoch auch relativieren, denn wir sind ebenso geistige Wesen, die sich verkörpert haben und deren Leben auch von geistigen Dimensionen her gestaltet werden kann.

Dieser Prozeß ist also als noch komplexer und paradoxer anzusehen. Die Urenergien der Fortpflanzung könnten auch von einer noch fundamentaleren, immateriellen, transzendenten Anziehungskraft oder Verbindungsenergie (die wir umgangssprachlich Liebe nennen) herrühren. Wahrscheinlich ist „der tiefste Grund einer Partnerschaft die Sehnsucht nach Aufgehobensein. Aufgehobensein im doppelten Sinne, nämlich als Sehnen nach Geborgenheit und auch nach Auflösung körperlicher Begrenzung und mitmenschlicher Trennung. Es ist das Sehnen nach Erkanntwerden im innersten Wesen, nach einem durch nichts behinderten Aufgehen im Du, einem Ineinander-Versinken in der vollen Lust ewiger Umarmung."

Letztlich ist damit die Vereinigung ein religiöser Impuls, „die Aufgehobenheit im All, jenseits von Raum und Zeit. Es ist das Sehnen nach der Vereinigung mit dem Göttlichen ... und kann in Momenten des Glücks Erfüllung finden als Abglanz der ersehnten Seligkeit der Seele mit Gott" (Willi 1991, 34, 64).

Bedeutsam in diesem Zusammenhang ist die von Ken Wilber betonte Unterscheidung zwischen präpersonalen und transpersonalen Zuständen. Unter *prä*personal verstehen wir einen Zustand *vor* der Ausformung der Person (z.B. das Schwimmen des Embryos im Urmeer des Mutterbauchs). Unter *trans*personal fassen wir die Zustände, in denen *nach* der Entwicklung eines differenzierten Erwachsenen-Ich dieses auch wieder losgelassen und im Aufgehobensein im „Großen Bewußtsein" transformiert werden kann.

Da präpersonale und transpersonale Zustände für das ungeschulte Auge ähnlich oder identisch scheinen, werden sie oft ineins gesetzt. Bei diesem Irrtum besteht die Gefahr, daß präpersonale Zustände mit einem Heiligenschein umgeben werden (wie dies z.B. C.G. Jung getan hat). Präpersonale Verschmelzungswünsche sind jedoch regressiver Art, also eine Art symbiotische Vereinigung ohne Ausdifferenzierung der Identität, und keine transpersonale Erfahrung. Nicht jede infantile oder undifferenzierte Grenzauflösung ist ein Schlummern in der mystischen Einheit (vgl. Wilber 1996, 260).

Transpersonale Erfahrung oder Vereinigung setzt eine vorausgegangene Entwicklung und Differenzierung des Ichs voraus. Mystische Zustände sind *jenseits* und nicht vor der Personalität und Rationalität. Sie schließen die Vernunft nicht aus, sondern sie schließen sie ein und transzendieren sie.

In beiden Formen der Vereinigung (der regressiven und der transpersonalen) bleibt jedoch die Erfahrung leidvoll, daß wir auch in der intimen Liebe voneinander getrennt und verschieden bleiben. Liebe ist also ein Prozeß der Vereinigung, nicht jedoch ein Verweilen im permanenten Zustand des Einsseins. Der zentrale Vorgang in allem Lebendigen ist wohl, daß alle Formen zueinander- und auseinanderstreben. Der Konflikt besteht dann zwischen den verschiedenen Strebungen.

Deswegen ist es gut, auf den verschiedensten psychischen Ebenen Landkarten für diesen Vorgang zu haben. Folgende Phantasie erforscht die Kontaktmöglichkeiten unserer Tiernatur auf einer symbolischen Ebene:

Übung „Die Tiernatur in uns"

Entspannen Sie sich und lassen Sie sich Zeit, Ihren Atem wahrzunehmen. Stellen Sie sich vor, Ihr Partner würde sich in ein Tier verwandeln. Wenn Sie sich nun ihn oder sie als Tier vorstellen, welches Tier erscheint Ihnen dann in Ihrem inneren Auge?

Es kann sein, daß das Tierbild wechselt oder mehrere Tiere erscheinen. Lassen Sie sich Zeit, alle Tierbilder anzuschauen, und wählen Sie dann das Tier aus, das Ihnen zuerst erschienen ist. Nun nehmen Sie sich selbst als Tier wahr und treten Sie als dieses Tier mit in diese innere Szene. Sie schauen auf das Tier, das Ihren Partner symbolisiert, und fragen sich:

Was fühle ich, wenn mir dieses Tier entgegenkommt?

Möchte ich und kann ich mit diesem Tier zusammenleben?

Welche Glücks- und Wachstumsmöglichkeiten bestehen für mich und für uns, wenn wir als diese Tiere zusammenleben?

Lassen Sie sich nun Zeit, wahrzunehmen, wie diese beiden Tiere miteinander spielen, kämpfen, sich lieben oder sogar sprechen oder was immer die beiden tun wollen.

Vor dem Hintergrund der Landkarte, die durch diese Übung deutlich werden kann, fragen Sie sich:

➤ Begegnen wir uns in unserer Tiernatur?

➤ Was will ich hier wirklich?

➤ Tut mir das gut?

➤ Worauf läuft das hinaus?

➤ Welche Erfüllung ist hier wirklich möglich?

➤ Auf welcher Ebene begegnen wir uns wirklich?

Wenn ich gelernt habe, mit beiden Beinen auf der Erde zu stehen, zu atmen und meinen Körper wirklich ganz und gar als biologisches Geschenk zu spüren, dann schaffe ich ein solides Fundament für geistige Entwicklung. Wir können die Erfahrung machen, daß der Mensch in verschiedenen Welten und Seinsebenen gleichzeitig lebt. Wir haben die Tiernatur in uns *und* sind geistige Wesen.

Der Fortpflanzungsimpuls, die Verschmelzungssehnsucht und das geistig-emotionale Wachsenwollen sind die Grundlagen der Paarbildung. Wir werden weiter unten sehen, daß ein vierter Faktor, die Sinndimension oder die Bedeutung einer Beziehung als ein weiterer starker Faktor in dieser Dynamik angesehen werden kann.

Jede Art von mentaler, geistiger oder spiritueller Entwicklung braucht als Grundlage die biologische Ebene, und jede Art von Spiritualität muß sich daran messen, wie sehr sie mit der Tatsache im Kontakt ist, daß wir als Menschenwesen Jahrmillionen alt sind, daß wir Tiere sind, daß wir atmen, schwitzen, verdauen und ausscheiden und alle diese grundlegenden Vorgänge zu erledigen haben, die auch in einer Beziehung miteinander tagtäglich erlebt werden.

5. Ist Glücksfähigkeit lernbar?

Glücksfähigkeit ist eine zentrale Lebensqualität. Können wir Glücklichsein lernen? Ist es eine Fähigkeit, glücklich sein zu können? Wenn ja, was sind die Aspekte dieser Fähigkeit, und wie können wir sie lernen?

Zuvor muß jedoch die Frage geklärt werden, ob Glücklichsein für mich überhaupt ein erstrebenswertes Ziel darstellt, also: *Möchte ich wirklich glücklich sein?*

Übung „Was ist Glück"

Machen Sie es sich bitte bequem und lassen Sie sich Zeit. Spüren Sie Ihren Atem und die Art, wie Sie gerade sitzen oder liegen, und lassen Sie aus Ihrem Inneren Antworten kommen:
➤ Was sind meine Vorstellungen von Glück?
➤ Möchte ich wirklich glücklich sein?
➤ Was sind meine ganz persönlichen Kriterien für eine beglückende Beziehung?

Formulieren Sie diese Kriterien bitte in Worten aus (oder sind es bei Ihnen eher Bilder, Gerüche, Formen, Symbole oder schwer formulierbare Ahnungen?) und schreiben Sie sie auf.
Während Sie das tun, merken Sie vielleicht, auf welchem „Kanal" Sie diese Kriterien wahrnehmen: Ist es die Nase, sind es die Ohren, die Augen oder der Tastsinn, sind es Gedanken, Erinnerungen, Visionen oder mehrere Dinge zugleich?

Wenn wir die körperlichen und energetischen Grundlagen von Gefühlen und Empfindungen untersuchen, können wir ungelebte Potentiale unserer Liebesbeziehungen entdecken. Gefühle und Empfindungen sind auf unseren Körper und unsere psychische Kapazität angewiesen. Folglich ist die Beschaffenheit unseres Körpers und unsere Bewußtheit in ihm eine Grundlage für unsere Gefühls- und Empfindungsmöglichkeiten.

Wir können nur so viel fühlen, empfinden, genießen und wahrnehmen, wie unsere momentane körperliche und seelische Verfassung zuläßt. Insofern gibt es für jeden Menschen eine individuell verschiedene Fähigkeit, den Kontakt zu Gefühlen und Empfindungen auszuhalten. Wir nennen dies die obere Grenze von Glück. Sie bestimmt über unser Leben mehr als vieles andere. Deswegen sollten wir sie kennen und wissen, wie wir mit ihr umgehen können.

Was ist das, die obere Grenze von Glück?

Es ist der Erlebensbereich, an dem unser Wohlfühlen ein für uns ganz persönliches Maximum erreicht, bevor der Prozeß, wenn wir nicht bewußt damit umgehen, umkippt. Das Wohlfühlen wird so stark, so lange oder so umfassend, daß es für unseren seelischen und körperlichen Organismus zu ungewohnt ist und wir dann alles tun, um es zu zerstören. Wir zerstören unser Glück, weil wir nicht daran gewöhnt sind, ein hohes Maß an Glück auszuhalten.

Sie kennen vielleicht diese oder ähnliche Situationen: Es ist Samstagnachmittag, Sie schmusen mit Ihrer/Ihrem Liebsten im Bett: zärtlich, wild und leidenschaftlich. Dann reden Sie ausgiebig und verständnisvoll miteinander, tauschen sich über Ihre gegenseitigen warmen Gefühle aus, Sie essen eine Kleinigkeit, lieben sich dann noch einmal, hören gute Musik und schlafen wohlig ein.

Für viele Paare ist damit schon die obere Grenze von Glück überschritten. Aber wir stellen uns einmal vor, daß Sie Ihr Glücklichsein soweit aushalten können.

Jetzt wachen Sie genußvoll und ausgeschlafen am Sonntagmorgen auf. Er oder sie bringt mit einem leicht geöffneten Bademantel bekleidet das Frühstück ans Bett, Sie frühstücken ausgiebig, plaudern dabei selig, lieben sich danach noch einmal und glauben, Sie seien im Paradies.

Doch dann passiert es: Irgendwie wird Ihnen mulmig, irgend etwas seltsam Komisches steigt in Ihnen auf, Sie fühlen sich plötzlich unwohl in Ihrer Haut, irgend etwas wird Ihnen zuviel. Sie möchten sich zurückziehen, trauen sich aber noch nicht. Ein Wort folgt dem anderen, es kommt zu einer Meinungsverschiedenheit, dann zum Streit. Sie fühlen sich mißverstanden, ärgern sich. Nach qualvollen Minuten oder Stunden springen Sie aus dem Bett, ziehen sich an und gehen verärgert aus dem Haus, mit dem festen Entschluß, mit so einem unmöglichen Menschen wie Ihrem Partner nie wieder etwas zu tun haben zu wollen.

Was ist in diesem Beispiel passiert?

Die obere Grenze von Glück ist überschritten worden. Um wieder einen erträglichen, weil altbekannten Zustand herzustellen, mußte das Glücksgefühl zerstört werden.

Wie aber können wir uns nahe sein und dennoch lebendig bleiben? Zum einen können wir lernen, uns rechtzeitig aus der Symbiose zu lösen, vorsichtig Abstand zu nehmen und das Ich-Gefühl wieder herzustellen. Wir können uns mit dem Schmerz des kurzfristigen Abschiednehmens konfrontieren, einen entspannenden Raum zwischen uns sein lassen und uns in eine liebevolle Distanz begeben.

Zum anderen können wir lernen, unsere obere Grenze von Glück auszuweiten.

In meiner Arbeit mit Paaren und einzelnen konnte ich feststellen, daß die Unfähigkeit, Glück auszuhalten, nicht nur weit verbreitet ist, sondern bei allen mir bekannten Menschen vorkommt. Wenn unser Glück zu groß wird, neigen wir dazu, wegzugehen oder das Glück kleiner zu machen oder es gar zu zerstören.

Übung „Meine obere Glücksgrenze"

Bitte geben Sie sich selbst eine persönliche Beschreibung Ihrer eigenen oberen Grenze von Glück:
Welches Maß oder welche Art von Glück könnte zuviel für mich sein?
Lassen Sie sich bitte Zeit und schreiben Sie Ihre Überlegungen so genau wie möglich auf.

Wenn wir jemandem näherkommen und ein positiver Energieaustausch entsteht, vervielfacht sich die positive Energie. Wir haben aber eine Toleranzschwelle für positive (wie auch negative) Energie.

Sobald diese Schwelle überschritten wird, ertönt in unserem Unbewußten ein Alarmsignal, und wir steigen aus.

So entwickelt sich in uns das Muster von Fröhlichsein und Absturz, Nähe und Streit, Glück und Verzweiflung.

Wieso kommt es dazu?

Wir Menschen sind Gewohnheitstiere, und zwar nicht nur bezogen auf unser persönliches Leben, sondern unser Organismus bezieht sich auf die gesamte Lerngeschichte unserer Menschheitsentwicklung, und die beginnt nun einmal vor ca. vier Milliarden Jahren auf der Ebene der Einzeller, möglicherweise noch davor.

Unser körperlicher Organismus besteht aus Zellen (und diese bestehen aus Schwingungen), und unser seelischer Organismus, unser Energiefeld besteht auch aus Schwingungen. Diese Schwingungen folgen bestimmten Schwingungsmustern und -frequenzen. An diese Muster, diese Frequenzen gewöhnen wir uns. Sie werden uns vertraut und bekannt. Wir schwingen uns auf sie ein.

So sind uns z.B. bestimmte Musikrichtungen vertraut, und wir fühlen uns wohl, wenn wir sie hören. Andere, uns unbekannte Musikstile bereiten uns zunächst Streß und Unbehagen. Wir brauchen einige Zeit, bis wir uns eingehört haben, um uns dann damit wohl zu fühlen.

Auch Gefühle wie Trauer, Ärger, Wut, Freude und Seligkeit sind solche Schwingungsmuster. Wir sind an die Amplitude unserer Gefühlsschwingungen gewöhnt. Alles andere, was zu weit davon entfernt ist, macht uns Angst. Sogar die flexibelsten Menschen haben eine Grenze, jenseits derer sie Veränderungen nicht mehr gut ertragen können. Wenn wir uns dieser Grenze nähern oder sie überschreiten, wird unser instinktiver Drang nach Altbekanntem und Vertrautem, nach Geborgenheit und Sicherheit aktiviert. Wie intensiv wir auf diesen instinktiven Drang reagieren, ist abhängig von der Größenordnung und der Geschwindigkeit der Veränderung, und wie sehr wir von ihr überrascht sind (vgl. Herrmann 1991).

Wenn wir die obere Grenze von Glück erweitern wollen, ist folgendes zu berücksichtigen:

1. Unsere körperlich-seelische Konstitution und damit das, was wir an Glück aushalten können, ist angeboren und im Kontakt mit den frühen Pflegepersonen erworben.
2. Unsere obere Grenze von Glück können wir als energetisches Schwingungsmuster erfahren und uns bewußtmachen.

3. Unsere Fähigkeit, körperlich-seelische Hochenergie auszuhalten und durchfließen zu lassen, läßt sich durch gute Ernährung und gesundes Leben erweitern.
4. Das Aushalten und Genießen höherer Amplituden ist lernbar.
5. Der Unterschied im Ausmaß von Glück darf vom gewöhnlichen Glücksempfinden nicht zu weit entfernt sein. Die Glückserfahrung soll bekannt und neu, darf aber nicht **zu** neu sein, sonst entsteht eine Überforderung und damit eine Blockierung des Erlebens.

Wenn eine Erfahrung ein bißchen von den bisherigen Erfahrungen entfernt ist, dann hat sie den Reiz des Neuen, und den kennen wir ja alle. In der kommerziellen Werbung (und auch beim Partnerwechsel) wird mit dem Reiz des Neuen gearbeitet und der Organismus „überlistet", sich auf dieses Neue einzulassen.

Nur muß dieses Neue zumindest ein bißchen in das Alte eingebettet sein. Die neue Cola-Dose hat noch eine Abbildung der alten Cola-Flasche darauf, das neue Omo heißt eben immer noch Omo, und selbst die verrückteste Porsche-Konstruktion erinnert in einigen Merkmalen noch an den guten alten Porsche.

So ist das auch mit den Gefühlen. Unsere bisherige Grenze von z.B. Traurigkeit-Fühlen ist wirklich erst einmal eine Grenze, über die wir nicht ohne weiteres hinauskönnen. Nur durch geeignete Umstände, durch Ermutigung und durch Übung können wir unsere Fähigkeit zu trauern ausdehnen. Ebenso verhält es sich mit Angst, Wut und Freude.

Nach meiner Erfahrung ist besonders die obere Grenze der Freude und des Glücks resistent. Eine Möglichkeit, diese obere Grenze kennenzulernen, ist die biographische Erforschung der Familientradition in Sachen Glück:

Um zu einem erfüllten Leben zu kommen, ist es gut, wenn wir die obere Grenze für das volle Erlebenkönnen aller Gefühle, nicht nur der Freude, ausweiten.

Es handelt sich hierbei um ein seelisches und körperliches Phänomen. Hierzu hat der Biochemiker Prigogine eine wichtige Entdeckung gemacht: Er hat den Unterschied zwischen offenen und geschlossenen Systemen erforscht und festgestellt, daß geschlossene Systeme – in der physikalischen Welt – zur Entropie, zur Erschöpfung hin tendieren. Daß aber offene Systeme – wie Lebewesen – sich weiterentwickeln können, wenn sie Energie aufnehmen und weitergeben. Nur durch das Weitergeben von Energie erhält ein offenes System die Möglichkeit, mit erhöhten Energiezuständen umzugehen. Wenn aber die Energie so sehr wächst, daß die Fähigkeit des Systems, mit dieser Energie umzugehen, überschritten wird, kommt es zu einer Krise.

An diesem Punkt hat das System zwei Möglichkeiten: entweder zu kollabieren oder sich „in einer höheren Ordnung zu entspannen", das heißt, es braucht eine höhere Durchlässigkeit und Stabilität sowie eine Neudefinition seiner selbst, eine Neudefinition, wer und was es ist, und das heißt: eine neue Identitätsdefinition.

Im therapeutischen Prozeß beobachte ich oftmals, daß Menschen mit ihrer wachsenden Empfindungsfähigkeit auch jeweils eine neue Selbstdefinition suchen und finden.

Horizonte für diese Neudefinition anzubieten ist auch ein zentrales Anliegen dieses Buches: Es ermöglicht neue Definitionen des Menschseins, wodurch unser altes System, das bisher die Glücksmöglichkeiten begrenzte, erweitert wird.

Neben der Neudefinition der Identität ist die Übung des Körperbewußtseins eine Möglichkeit, die Glücksfähigkeit zu erweitern, denn der Zugang zu seelischen Phänomenen gelingt am ehesten über den Körper. Um zu lernen, positive wie schwierige Gefühle auszuhalten, können wir unseren Körper als das Gefäß für diese Gefühle wahrnehmen lernen und gleichzeitig den inneren Beobachter wachmachen und schulen, der den Gefühlsprozeß in liebevoller, schützender Weise beobachtet. Was heißt das im einzelnen?

Übung „Mein Körper ist ein Gefäß"

Stellen Sie sich bitte einen Moment lang Ihren Körper als Gefäß vor, stellen Sie sich selbst als körperliches Gefäß vor … vielleicht als eine Vase, eine Schale, einen Becher oder einen Beutel …
Welches Gefäß kommt Ihnen ins Bewußtsein?
Vielleicht können Sie die Form dieses Gefäßes erkennen …
➤ Welches Material hat dieses Gefäß?
➤ Ist der Boden stabil und dicht oder nicht?
➤ Sind die Wände dick oder dünn?
➤ Welche Temperatur und welche Farbe hat dieses Gefäß?

Diese Vorstellung und Empfindung unseres Körpers als Gefäß hilft uns, unser inneres Sein als Raum wahrzunehmen. Wenn wir diese Raumwahrnehmung entwickeln, entsteht die Möglichkeit, etwas von uns (z.B. Gefühle oder Körperempfindungen) in diesem Raum zu halten oder zu bewahren.

Das Gefäß ist ein universelles Symbol, es symbolisiert den Schoß der „Großen Mutter", Zuflucht, Schutz, Bewahrung und Fruchtbarkeit. Es verkörpert auch Nach- innen-Gerichtetsein und innere Werte.

Es symbolisiert die Fähigkeit unseres Körpers, Energien (z.B. Gefühle) in sich aufnehmen, halten, bewahren und auch wieder loslassen, also „ausgießen" zu können.

Die Wahrnehmung des inneren Raumes wird insbesondere durch die bewußte Atmung unterstützt. Wenn wir bewußt spürend atmen, können wir die inneren Landschaften, Ausdehnungen, Verengungen, Täler und Berge, Flüsse, Höhlen und Schatzkammern tiefer erfahren.

Glück hat auf eine geheimnisvolle Weise etwas mit Ausdehnung zu
tun. Diese Ausdehnung ermöglichen wir durch die Atmung, die
Körperdehnung und durch die Öffnung der Stimme, der Klangräu-
me im Körper.

Durch die Vibrationen, die die Stimme erzeugt, wenn wir sie
langsam immer mehr öffnen, werden die Spannungen im Körper
(und umgekehrt) gelöst und die Räume bewußtgemacht.

Glück hat etwas mit Ausdehnung zu tun – und mit Halten. Was heißt Halten?

Um den Vorgang des Haltens zu verstehen, hilft mir das Bild des Gefäßes. In diesem Gefäß, das unser Körper ist, ist der Beckenboden sozusagen der Boden des Gefäßes. Die Beckenbodenmuskulatur, die Dammuskeln, die Anusmuskulatur, die Vorderbauchmuskeln und das Zwerchfell sind hierbei von besonderer Bedeutung; mit ihrer Hilfe wird die Energie gehalten, so daß sie nicht einfach abfließt.

➤ Ich darf wachsen.
➤ Aus meiner Fülle gebe ich mir und den anderen.

Und nun, während Sie so atmen und sich liebevoll anlächeln, öffnen Sie
bitte Ihre Hände und drehen die Handflächen nach oben:
In dieser Geste des Empfangens und Gebens ... lasse ich mir Zeit ...
öffne mich der Möglichkeit von Glück.
Ich spüre die Verbindung zwischen den Handflächen und den Handge-
lenken, den Unterarmen, den Ellenbogen, den Oberarmen, den Schultern, der Brust und dem Herzen.
Diese Verbindung zu spüren öffnet die Kanäle, die sich in unseren
Empfangs- und Gebeorganen, den Händen, den Armen, der Lunge und
dem Herzen befinden.
Bitte spüren Sie jetzt auch Ihren Kontakt zum Boden, wie (auch im Sitzen)
beide Fußsohlen auf dem Boden stehen und die Kraft der Erde von unten in
Sie hineinfließt, Sie stützt ... und wie Sie in dieser Haltung Ihre Wirbelsäule
bewußt wahrnehmen, wie sie aufgerichtet ist und Ihnen Stütze gibt.
Und nun noch ein weiterer Schritt:
Während Sie so sitzen und Ihre Wachheit genießen, zeichnen Sie bitte
gedanklich mit einem Lichtstrahl oder mit Kreide oder mit einem Farbpinsel
einen Kreis um sich, oder legen mit einem vorgestellten Seil einen Kreis
um sich.

Sie können sich auch auf irgendeine andere Weise einen sicheren und nährenden Ort vorstellen, einen Ort, an dem Sie wirklich sicher sind. Sie können sich Zeit lassen, die Art und Weise des Schutzes an diesem Ort wahrzunehmen und sich vielleicht auch Schutzkräfte, oder was immer Sie sich zu Ihrem Schutz wünschen, herbeizurufen.

Stellen Sie sich vor, daß dies Ihr Schutzkreis ist, innerhalb dessen Sie Ihre Energie bewahren, halten und fließen lassen können, wie Sie es wollen und wie es gut für Sie ist.

Sie können einfach still dort sitzen oder auch folgende Sätze leise oder laut sagen und wiederholen:

➤ Mutter, geh nach Hause und lebe dein Leben mit deinem Mann.
➤ Vater, geh nach Hause und lebe dein Leben mit deiner Frau.
➤ Lehrer, Pastor … lebt euer eigenes Leben.
➤ Ich bin frei von euren Moralvorschriften.
➤ Der Sinn des Lebens ist Glück und Verbindung.
➤ Ich brauche nicht mehr zu leiden, um geliebt zu werden.
➤ Leid und Arbeit ist nicht wertvoller als Entspannung.
➤ Ich brauche keinen Schmerz mehr, um mich zu spüren.
➤ Ich dringe in mir bisher unbekannte Glücksräume vor.
➤ Ich erweitere meine Glücksmöglichkeiten.

Ein gewisses Pulsieren in einer Beziehung von Nähe und Distanz, Glück und Schmerz wird immer bleiben. Aber wir können lernen, nach jedem wirklich tiefen Glücksgefühl nicht immer eine Trennung oder ein Drama inszenieren zu müssen. Wir können lernen, zwischen Phasen des Wohlfühlens und der Entspannung hin- und herzuschwingen. Jedesmal, wenn wir uns nahegekommen sind und ein tiefes Glücksgefühl erreicht ist, können wir üben, uns auf dieser neuen Ebene des Glücks auszuruhen, uns sozusagen in diesen neuen Glückszustand hinein zu entspannen, ohne ihn zerstören zu müssen.

Der Organismus braucht Zeit, um sich an Glück und an die hohe Energie von Glück zu gewöhnen. Statt daß wir uns durch einen Streit, einen Unfall oder eine Krankheit herunterziehen, können wir lernen, uns auf einer Ebene so lange auszuruhen, bis sie integriert ist. Wir können ein feines Gespür für unsere obere Glücksgrenze entwickeln.

Damit wir diese Grenze langsam ausdehnen können, üben wir, uns selbst Raum zu geben, uns selbst Raum zu nehmen und Phasen des Rückzugs in eine Beziehung einzubauen. Wir können lernen, uns

Ferien von der Nähe zu nehmen, damit wir diese integrieren und uns auf die nächsthöhere Stufe der Vertrautheit vorbereiten können. Wenn es für uns selbstverständlich wird, daß unser Partner sich aus dem gleichen Grund Raum nimmt, können wir manches Drama vermeiden.

Neben dem Raumlassen ist die nicht-sexuelle Berührung (wie z.B. Massage, ankuscheln, die Partnerin einfach halten, einfach dasein) wesentlich für unsere Gesundheit und eine gute Methode, mit der oberen Grenze von Glück umzugehen. Bewußt nicht-sexuelle Berührungen zu geben und zu empfangen kann eine Beziehung sehr entspannen und – auch die Paarbeziehung überschreitend – unser Leben in vieler Hinsicht bereichern und verändern. So können wir lernen, die Ruhepausen, die wir zwischen Phasen der Nähe brauchen, liebevoller zu gestalten.

Eine weitere Möglichkeit, unseren Umgang mit Energie zu beschreiben und damit zu erfahren, was der/die jeweilige PartnerIn in bestimmten Situationen braucht oder auch nur gewohnt ist, ist das Skizzieren der Energiebögen.

Übung „Energiebögen der Partner"

Nehmen Sie ein Blatt Papier und halten Sie einen Stift in Ihrer aktiven Hand. Nun lassen Sie sich Zeit, sich zu entspannen und sich verschiedene Situationen Ihres Lebens vorzustellen. Jedesmal, wenn eine Situation klar und deutlich als Verlaufsgestalt vor Ihrem inneren Auge auftaucht, lassen Sie mit dem Stift eine Kurve auf dem Blatt entstehen und schreiben Sie dann den Namen dieser Situation dazu, z.B.:

➤ wie Sie morgens aufwachen und aufstehen,
➤ wie Sie den Verlauf Ihrer verschiedenen Gefühle wahrnehmen,
➤ wann und wie Sie arbeiten,
➤ wann und wie Sie Nahrung brauchen,
➤ wie Sie laufen,
➤ wann und wie Sie Sexualität genießen,
➤ wie Sie sich streiten,
➤ wie Sie lachen,
➤ wann und wieviel Sie schlafen,
➤ wieviel Pausen Sie über den Tag verteilt brauchen,
➤ wie Sie Natur genießen ...

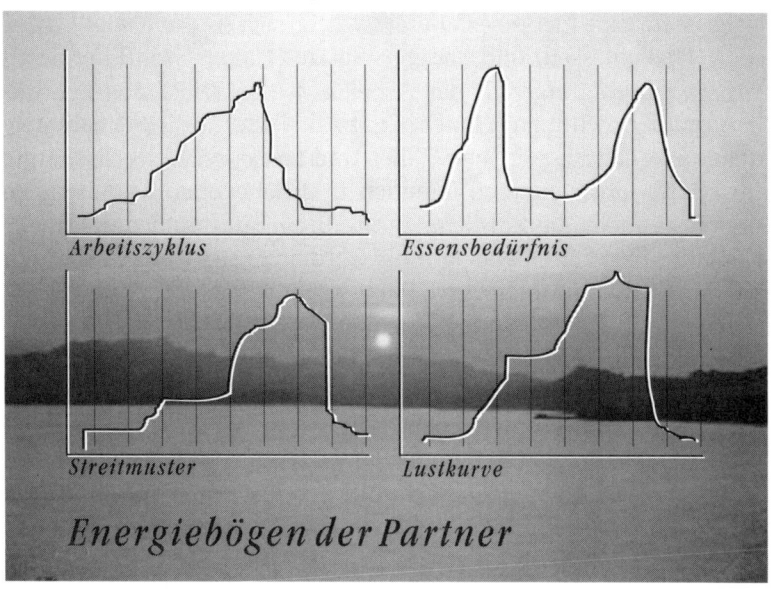

Arbeitszyklus

Essensbedürfnis

Streitmuster

Lustkurve

Energiebögen der Partner

Ihr Partner oder Ihre Partnerin führt die gleiche Übung durch, und Sie können dann die Kurven miteinander vergleichen:
➤ Wo ähneln die Kurvenverläufe sich?
➤ Wo und wie verlaufen sie gegensätzlich?
➤ Wo scheinen sie sich auszulöschen oder zu ergänzen?
➤ Welche Stimmung entsteht in mir, wenn ich den Gesamtverlauf der Kurven im Vergleich betrachte?
➤ Welche Gefühle entstehen, wenn wir über unsere Energiekurven sprechen?

Das gemeinsame Bewußtsein über die ähnlichen und unterschiedlichen Energieverläufe in verschiedenen Situationen ist für den alltäglichen Einigungsprozeß in Beziehungen eine große Hilfe. Insbesondere in den intimeren Kontakten wie Gefühlsaustausch und Sexualität kann durch dieses Wissen oftmals eine Brücke gebaut werden, wo sonst nur Mißverständnis und Kampf wären.

71

Es ist für eine Liebesbeziehung wichtig, sich einerseits des Loslassens (Fließenlassen) und andererseits des Haltens von Energie als sich gegenseitig ergänzender Aspekte des gemeinsamen Energiehaushaltes bewußt zu sein. Dies gilt z.B. auch für die Sexualität, in der es möglich ist, zwischen Halten und Loslassen zu wechseln und für beides einen energetisierenden und liebevollen Mittelweg zu finden. Je mehr die Zärtlichkeit, die Begegnung und der sexuelle Kontakt selbst zur Quelle der Lust werden, um so weniger sind wir auf den Orgasmus im engeren Sinne angewiesen.

Alle Kontaktprozesse haben einen rhythmischen Charakter, sie schwingen um die Pole Ausdehnung und Rückzug. Daß auch Beziehungsintensität einen Rhythmus hat (zwischen Nähe und Raumnehmen), wird kein Problem mehr sein, wenn wir uns wirklich klar werden, daß wir nicht 24 Stunden lang mit einer Person in derselben Stimmung sein können. Diese natürlichen Rhythmen gelten für alle Menschen. Nur wenn wir sie unterdrücken, machen wir ein Problem daraus.

Um eine tiefere Empfindung für Rhythmen zu bekommen, können wir üben, uns einzulassen auf verschiedene Pulsationen, die in unserem Organismus, in unserer Bewegung und den Rhythmen der Natur erfahrbar sind:

Übung „Rhythmen der Begegnung"

Spüren Sie das Kommen und Gehen Ihres Atems.
Machen Sie sich dabei die Rhythmen bewußt:
➤ von Tag und Nacht,
➤ des Mondes und damit zusammenhängend den Periodenrhythmus der Frau (Wer weiß, welchen Rhythmus der Mann in seiner Energie, seiner Lust, seiner Liebesfähigkeit hat?),
➤ von Ebbe und Flut,
➤ von Nähe und Distanz,
➤ von Öffnen und Schließen,
➤ der Jahreszeiten,
➤ des Herzschlags,
➤ von Ein- und Ausatmen,
➤ von Begegnung und Trennung,
➤ von Tod und Leben.

Wir können dabei lernen, mit den großen Rhythmen mitzuschwingen und damit die Kraft aus diesen Pulsationen aufzunehmen, statt uns dagegenzustellen. So kann Mitschwingen zum Genährtwerden und Nähren werden.

Wir können wachsam für diesen Rhythmus werden und ein Bewußtsein für die kleinen notwendigen Trennungen entwickeln. Wir können ein Vertrauen entwickeln, daß die Energie wieder zurückkommt, wenn wir uns diesem Rhythmus hingeben und uns auch einmal von der Liebe ausruhen.

In einer Beziehung ist nur so viel Energie möglich, wie auch gehalten und durchgelassen werden kann. Energie wird sich nur so weit entfalten, wie Kraft im Zentrum ist im Sinne von Bewußtheit, Konzentration, Halten und Loslassen. Es muß in jedem Menschen eine verantwortliche zentrale Instanz, sozusagen den Königs- oder Königinnenplatz geben, in dem die Energie gehalten und auf einen Punkt gebracht wird. Von diesem Punkt dann kann sie wieder ausströmen. Dieser Königs- oder Königinnenplatz ist die Mitte, das Zentrum, der Kern oder das Core des Menschen.

Es gibt zahlreiche Übungen, diese Mitte wach und bewußt zu machen. Im wesentlichen gelangen wir in dieses Zentrum durch Bewußtmachung und Aktivierung des Atems. Bewußter Umgang mit dem Atem ist ein wesentlicher Aspekt des coredynamischen Energie- und Glücksverständnisses. Glück ist möglich, gerade jetzt ...

Wir können unsere Fähigkeit entwickeln, Energie zu sammeln, und es gibt mehrere Möglichkeiten dafür:

Zuerst einmal über die Bewußtheit, daß es so etwas gibt wie das Sammeln von Energie und daß wir dabei den Körper als Gefäß erfahren können.

Zweitens über den Klang: Der Königsweg, unsere Kraft zu sammeln und zu verstärken, ist der Klang des Körpers, indem wir die Stimme, das Singen, das Tönen, den Körper als Vibration erleben.

Wenn wir aufhören, den Körper als festgefügtes Etwas zu sehen, und erfahren, daß der Körper ein Schwingungsphänomen (vgl. Kap. 17) ist, erleben wir den entscheidenden Durchbruch, um diese Kraft zu vergrößern.

Ein schwingender Körper kann viel mehr Energie halten und durchlassen als ein starrer Körper oder auch als ein nicht bewußter Körper. Und wenn Sie den Körper als Schwingung erleben und diese

Schwingung zulassen und aktivieren, also üben, zu atmen, zu tönen, zu klingen und zu singen, dann wird die Halte- und Durchlaßkapazität des Körpers vermehrt.

Ein spannendes Phänomen dabei ist, daß durch die Erhöhung der körperlichen Halte- und Durchlaßkapazität auch die geistige Sinnerfassungskapazität vergrößert wird.

6. Harmonie oder Konflikt in der Liebe?

Gleichheit und Gerechtigkeit
verbessern die Romantik.
– Pepper Schwartz

Auf der Gefühls- und Körperebene können wir noch einen weiteren Gesichtspunkt untersuchen: Bin ich und ist mein Gegenüber ein harmonieliebender oder ein konfliktliebender Mensch?

Ich gehe dabei davon aus, daß jeder Mensch das Passende braucht. Was passend ist, entscheidet sich je nach Eigenart des Menschen und ist je nach seiner Entwicklungsphase sehr verschieden.

Es gibt (mindestens) zwei Arten von Menschen: erstens die harmonieliebenden – sie brauchen Harmonie so nötig wie das tägliche Brot. Zweitens die konfliktliebenden – sie brauchen Konflikte und sind sehr empfindlich gegen jede Art von Harmonisierung, Unechtheit und Verharmlosung. Auch sie haben jedoch meist etwas gemeinsam: ihren Grundkonflikt im Leben, der sich nur in unterschiedlicher Ausprägung beim Gegenüber spiegelt.

Es gibt die Auffassung, daß gerade diese beiden unterschiedlichen Konflikttypen gut zusammenpassen, weil man meint, so können sie etwas voneinander lernen. Aber das ist genau der Punkt, an dem Paare anfangen, sich zu quälen, denn sie finden in diesen grundsätzlich unterschiedlichen Sichtweisen auf die Realität kein wirkliches Ankommen, keine Erfüllung, und es kostet eine große Kraftanstrengung, diese Unterschiedlichkeit konstruktiv zu wenden.

Der Psychotherapeut Peter Schellenbaum spricht in seinem Buch *Das Nein in der Liebe* von der Notwendigkeit der Leitbildspiegelung. Leitbildspiegelung heißt, daß wir zumindest in einigen Aspekten unseres Seins so sein wollen wie unser Gegenüber, daß er oder sie in einigen Aspekten unser Idol, unser Vorbild ist, an dem wir uns orientieren wollen.

Nur wenn das gegeben ist, können wir uns einschwingen, kann ich mitschwingen mit dem, wie du bist, weil ich so sein möchte wie du; kannst du mitschwingen mit mir, weil du so sein möchtest wie ich. Wenn diese Voraussetzungen nicht gegeben sind, fangen wir an, alltägliche Grabenkämpfe zu fechten, in denen wir uns runterziehen und das Ausmaß von Energie blockieren, das eigentlich möglich wäre zwischen zwei „Universen", die sich begegnen.

An dieser Stelle soll nicht verschwiegen werden, daß der Autor dieses Buches ein eher harmonieliebender Mensch ist. Sicher schlägt sich das in einigen Aussagen nieder. Ich will also auch vor einer Überbetonung der Ähnlichkeit in Beziehungen warnen. Sie kann eine Entwicklungsstagnation bedeuten und unterschiedliche Temperamente egalisieren. Ich möchte Unterschiedlichkeit und Gleichheit gleichberechtigt nebeneinander stellen, wenngleich mir unumgänglich erscheint, daß auch in der Verschiedenheit ein Miteinander-Schwingen die Voraussetzung für Erfüllung und Gesundheit ist.

Es ist wichtig zu unterscheiden, was notwendiger Konflikt, was notwendige Pein und Dunkelheit in einer Beziehung ist und was auslöschendes Leid und unerträgliche Spannung ist.

Fühle ich mich ständig „runtergezogen", habe ich dauerhaft dieses Gefühl von: „Ich komme mit meiner Energie nicht zum Zuge, bekomme keine Antworten auf meine Gefühle und mein Sein, erlebe kein Mitschwingen vom anderen", dann darf ich loslassen und sollte mich trennen.

Vielleicht muß ich sogar loslassen, denn in diesen Beziehungen geraten wir in krankmachende Strukturen. Wir können krank werden, wenn wir nicht miteinander schwingen, denn die Spannung der fehlenden Resonanz somatisiert sich. Für übertrieben harmonisierende Menschen kann es schwer sein, sich über Verschiedenheiten klarzuwerden. Sie schwingen sich meist so stark auf den anderen ein, damit wieder Harmonie entsteht, daß sie selbst fast verschwinden. Dennoch entsteht tief innen eine Störung, die dann zumindest auf der Ebene der Gesundheit deutlich wird, weil sie beide in Wirklichkeit nicht miteinander schwingen. Das Sein des Menschen will angenommen sein; wir wollen angenommen sein, so wie wir sind.

Neben dem Miteinander-Schwingen als energetischer Resonanz gibt es den ebenso wichtigen Aspekt der Ebenbürtigkeit im Sinne von Gleichwertigkeit. Ich gehe bei der Frage nach einer guten Beziehung und dem guten Gefährten davon aus, daß beide Partner gleichberechtigt und ebenbürtig sein sollen. Das Streben nach Ebenbürtigkeit ist historisch eine Neuheit, und nur dies ist, wie Pepper Schwartz anschaulich beschreibt, der Weg zur wirklichen Erfüllung in der Partnerschaft. „Wenn man Gleichheit als kostbares, erstrebenswertes Gut betrachtet, kann sie etwas Aufregendes werden" (1996, 95).

„Kritiker meinen, daß Geheimnisse das Interesse lebendig halten, oder anders ausgedrückt, daß partnerschaftliche Paare unter quälender Langeweile leiden werden. Wenn diese Theorie wahr wäre, müßten partnerschaftliche Ehen schließlich zerbrechen oder zumindest im grauen Sumpf der Übervertrautheit versinken. Aber die Wahrheit sieht anders aus. In der Praxis kommt mit dem Geheimnisvollen das Trennende, mit dem Trennenden kommt die emotionale Distanz und mit der Distanz kommt das Unglück oder die Gleichgültigkeit. Partnerschaftliche Ehen sind alles andere als langweilig. Langeweile entsteht, wenn man nicht genügend Interesse am Partner hat und nur sachlich-nüchterne Pflichten miteinander teilt. Wenn die Partner Erfahrungen und Gefühle miteinander teilen, die ihnen wirklich wichtig sind, bleibt die Spannung lebendig" (Schwartz 1996, 90).

Eine ebenbürtige Beziehung ist zwar die Ausnahme, aber dennoch das Ziel, dem die Bemühungen vieler Menschen gelten. So ist es auch bei dem von M. Cöllen beschriebenen Symmetriemodell der Partnerschaft, das sich auf das Yin-Yang-Konzept stützt: „Es führt zwei Partner zusammen, die daran arbeiten und bereit dazu sind, abwechselnd miteinander und füreinander einzustehen ... Dies gelingt dann, wenn sie sich ebenbürtig und gleichberechtigt gegenüberstehen, beide in sich männliche und weibliche Eigenschaften vereinen und ihre Entwicklungskräfte voll entfalten. Die Partner können dann ihre Rollen zeitweilig tauschen ... sie können sich in den anderen hineinversetzen und sich dadurch gegenseitig befriedigen, weil sie die Bedürfnisse des anderen fast so gut verstehen wie die eigenen ...

Verschmelzung und Abgrenzung wechseln einander ab" (Cöllen 1989, 44).

Ähnlichkeit oder Übereinstimmung in drei wesentlichen Komponenten sieht der Paarforscher R. Sternberg als wichtige Grundlage von „Passung" an. Er analysierte dazu die drei Komponenten Intimität, Leidenschaft und Entscheidung/Bindung.

Intimität ist nach Sternberg charakterisiert durch wechselseitige Unterstützung, Selbstöffnung, Fürsorge und Mitgefühl. Leidenschaft und Intimität können sich gegenseitig beeinflussen. Intimität steigt in dem Maße, in dem eine Beziehung die sexuellen Bedürfnisse befriedigt, umgekehrt kann durch ausgeprägte Intimität Leidenschaft erzeugt werden. Entscheidung/Bindung bezieht sich auf die Entscheidung, jemanden zu lieben, d.h. die Beziehung aufrechtzuerhalten.

Die Ausprägungen der drei Komponenten können als unterschiedlich lange Seiten eines Dreiecks dargestellt werden. Sind die beiden Dreiecke von Partnern deckungsgleich, liegt eine ideale Passung vor. Zunehmende Abweichung der Passung stellt einen Hinweis auf potentielle Probleme und Unzufriedenheit in der Beziehung dar.

Die jeweiligen Kombinationen der Komponenten können sich bei einer Person in Beziehungen zu verschiedenen Menschen deutlich unterscheiden (vgl. Pietsch 1996, 91).

Insgesamt hat die Paarforschung gezeigt, daß die Hypothese von „Glück durch Gleichheit" (U. Nuber) den Erfahrungen eher entspricht. Es ist für Paare notwendig, daß sie in *einer* Welt leben, zumindest daß sie Übersetzungsmöglichkeiten für die unterschiedlichen Sprachen ihrer Welten haben. Legen wir diese Annahme zugrunde, daß wir in wesentlichen Bereichen Übereinstimmungen oder auch eine gemeinsame Schwingungsfrequenz für unsere Erfüllung brauchen, können wir uns fragen:

➤ Habe ich in dieser Beziehung wirklich eine reelle Chance, meine Grundbedürfnisse nach Nähe und Distanz, nach Sicherheit, Harmonie und Herausforderung, nach Intimität, Leidenschaft und Bindung zu leben?

➤ Ist die Schwingung des Menschen dort drüben, wie sie für mich erfahrbar ist, mit meiner Schwingung vereinbar?

Eine gute Möglichkeit, hierzu einige Erfahrungen zu machen, ist der gemeinsame Tanz. Im Tanz werden grundlegende Beziehungsmuster leichter deutlich als irgendwo sonst. Verbal können wir uns viel leichter verstecken oder ein Wohlverhalten produzieren.

Übung „Tanz und Spiegeltanz"

Schaffen Sie sich eine Situation, in der Sie miteinander tanzen; legen Sie eine Musik Ihrer Wahl auf und schenken Sie sich die (in der Anfangszeit Ihrer Beziehung vielleicht selbstverständliche) besondere Situation, daß Sie miteinander tanzen, sei es frei oder nach Standardformen, so, wie es Ihnen gefällt. Sie können und dürfen sich fragen:

➤ Nehme ich wirklich wahr und ernst, was ich beim Tanzen mit meinem Partner spüre und empfinde?

➤ Wie können wir in der Bewegung aufeinander eingehen?

➤ Wie lasse ich oder läßt sie/er sich führen, wie schwingen wir miteinander im Rhythmus?

➤ Sind wir bereit und in der Lage, die Spannungen anzusprechen und eigene Konzepte loszulassen?

Auch im sog. Spiegeltanz, in dem wir uns im Wechsel gegenseitig in der Bewegung nachahmen, können unsere Muster, unser Festhalten und unsere Möglichkeiten deutlich werden. Diese Übung ist mit oder ohne Musik durchführbar.

Ein Partner führt, z.B. mit der Bewegung beider Hände, dann auch mit dem ganzen Körper, und der/die andere geht mit allen Bewegungen mit. Nach einiger Zeit werden die Rollen gewechselt. Schließlich in der dritten Phase lösen sich die Rollen auf, und beide führen und gehen gleichzeitig mit den Impulsen des anderen mit.

➤ Wieweit ist sie/er oder bin ich bereit, die vorgemachten Bewegungen nachzuahmen?

➤ Sind die Bewegungen mir fremd oder vertraut?

➤ Welche Gefühle lösen ihre/seine Bewegungen in mir aus?

➤ Fühle ich mich bedroht oder willkommen geheißen?

➤ Was können wir in der Bewegung über unsere Bedürfnisse erfahren?

Wenn es uns gelingt, die Harmonie- oder die Konfliktbedürfnisse der beiden Partner ohne Wertung zu respektieren, haben wir einen großen Schritt aufeinander zu gemacht.

7. Der Tanz unserer Lust

Wenn Erwachsene sagen, daß sie
keine Lust haben, haben sie oft
einfach Angst.
– ein 7jähriges Mädchen zu ihrer Mutter

Für das Verständnis der Liebe ist es gut, sie sowohl von Gefühlen und Empfindungen als auch von Eros und Sex zu unterscheiden. Die Alltagssprache verwechselt diese Bereiche oft.

Eros ist eine Kraft, eine Schubkraft, die uns auf den anderen hintreibt. „Der Eros gibt der Seele einen Vorgeschmack auf die Einheit und lehrt die angstvolle Psyche, sich danach zu sehnen" (Pierrakos 1994, 86). Der Eros ist jedoch kein dauerhafter Zustand der Seele, er kommt und geht zufällig. Er treibt uns aus der Scheinsicherheit des Abgetrenntseins heraus in die Sehnsucht nach der Einheit.

Die Sexualität ist eine schöpferische Kraft. Sie ist zunächst zutiefst selbstsüchtig, kann jedoch auch als tiefes Gefühl das Gegenüber mit Lust und Ekstase beglücken wollen.

Die Liebe als bewußte Herzensentscheidung für die Verbindung mit einem Menschen entsteht aus einer anderen Tiefenschicht des Menschen.

Unsere Erfahrung zeigt uns, daß jede dieser drei Seinsformen (Eros, Sex und Liebe) getrennt von den anderen vorkommen kann. Nur im Idealfall verbinden sich alle drei auf eine harmonische Weise.

In einer guten Partnerschaft sind alle drei Kräfte wirksam. Nur durch die Haltung der Liebe läßt sich die Erotik (nämlich das neugierige Interesse an der Seele des anderen) aufrechterhalten. Ohne die Liebe ist der Eros flüchtig. Doch die Verbindung von Liebe und

Eros bringt uns auf den Weg, unsere Grenzen auszudehnen und Wachstum zu ermöglichen.

Die Gegenspielerin zum neugierigen Eros ist die altgierige Gewohnheit. Sie ist eine große Verführerin zur Stagnation. Wie können wir unsere altgierigen lustfeindlichen Gewohnheiten überwinden und zu sexueller Erfüllung finden?

Ein Weg ist, die sexuelle Begegnung als Tanz, als Spiel, als gemeinsames Ritual des Sich-Erkennens und Beschenkens zu begreifen. Der Tanz kann die Vorstufe zur sexuellen Begegnung sein. Erfüllende Sexualität ist wie ein spielerischer und auch sehr ernsthafter Tanz der Leiber, der Gefühle und der Herzen. In der Sexualität sind wir jedoch meist so erregt oder ängstlich oder zu sehr im Erleben verwoben, daß wir nicht in Ruhe spüren können, wie dieses gemeinsame Geschehen uns gut tun kann und wie wir Erfüllung gestalten können oder nicht.

Doch auch hier können wir lernen, uns zu fragen, wie wir uns körperlich ausdrücken und unsere Energien fließen lassen können. Erleben wir Erfüllung?

Und wie ist unser Gefühl *nach* dem sexuellen Zusammensein? Sind wir dann traurig oder verbunden? Sind wir beide bereit, uns unsere Wünsche zu erfüllen, wenn wir sie aussprechen?

Wenn nicht, was wird das für uns auf unsere Lebenszeit hin bedeuten, wenn wir diese Erfahrung nicht machen können und darauf verzichten müssen? Wir können uns dafür entscheiden, doch es ist wichtig, diesen Verzicht bewußt zu vollziehen.

Die Sexualität ist mehr als ein Gefühl. Sie kann sich mit Gefühlen verbinden, letztlich ist sie jedoch die ursprüngliche Lebensenergie, die als solche über die Bedeutung der Gefühle hinausreicht.

Gefühle sind unsere Kontakt- und Ausdrucksenergie. Sexualität als Ausdruck der Lebens- und Schöpfungskraft hat jedoch einen besonderen Stellenwert und ist ein wichtiger Bereich, in dem die Möglichkeiten wirklicher Begegnung ausgelotet werden sollten. In diesem Bereich der vitalen Lebensäußerungen ist für viele Menschen der Schmerz des Nicht-Erfülltseins am größten und das Glück am bedeutsamsten. Es ist gut, wenn wir uns fragen, ob die Sexualität diesen hohen Stellenwert für uns hat oder nicht.

Therapeutische Erfahrungen zeigen, daß Sexualität ein Bereich ist, in dem eine Veränderung unserer Erlebnis- und Reaktionsweisen besonders schwer ist. Das mag daran liegen, daß unser sexuelles

Verhalten so tief in unserer Gesamtpersönlichkeit und in unserer tierischen Natur verankert ist und diese Strukturen nur sehr bedingt einer bewußten Kontrolle und damit Veränderung unterzogen werden können.

Nur wenn die Liebe sehr groß ist und beide Partner bereit sind, über den Schatten ihrer Gewohnheiten zu springen, ist eine Veränderung im sexuellen Erleben wahrscheinlich und möglich. Denn neben den organismischen Regungen der Sexualität, die eher von neurologischen und genetischen Faktoren abhängen, ist sie auch von erlernten und erlernbaren Verhaltensmustern geprägt.

Eine Veränderung setzt voraus, daß beide bereit sind, die alten neurotischen Muster wirklich loszulassen und ganz bewußt ins erwachsene Verhalten zu wechseln. Niemand darf die gemeinsame Lust bewußt oder unbewußt zu Machtspielen benutzen, und beide können vereinbaren, sich wechselseitig in Hinblick auf das Ziel, sexuelle Erfüllung zu erreichen, zu unterstützen.

Sexuelle Erfüllung beginnt in kleinen, vorsichtigen Schritten: gegenseitiges Betrachten des Körpers, das Gespräch über Ängste, Schwierigkeiten und Wünsche, zarte Berührungen, die ohne Ziel und eindeutige Richtung ganz als solche genossen werden, sich Kennenlernen und der achtungsvolle Blick vom Herzen her. Diese Zartheit und Langsamkeit kann zu einer Entspannung führen, die die Basis für ein wirkliches JA und eine Öffnung des Herzens ist.

Auf dem Hintergrund einer Grundvereinbarung zu sexueller Erfüllung kann dann ein situatives Nein, das für den einzelnen in einer konkreten Situation ein wichtiger Schutz sein kann, leichter verstanden und angenommen werden. Wir müssen NEIN sagen können, um wirklich JA sagen zu können.

Wenn wir aufhören, Sexualität als Naturereignis zu sehen, und beginnen, sexuelle Freude als gestaltbaren Kontakt zwischen Erwachsenen zu begreifen, können wir in eine völlig neue Qualität von Lust gelangen. So sagte z.B. die Beziehungstherapeutin Kathlyn Hendricks über sich und ihren Mann:

„Wir haben unsere sexuelle Erfüllung völlig aus den Machtspielen herausgenommen.

Wenn er will und ich nicht – dann schlafen wir zusammen.

Wenn ich will und er nicht – dann schlafen wir zusammen.

Und wenn wir beide wollen – dann schlafen wir zusammen. Nur wenn wir beide nicht wollen – schlafen wir nicht zusammen."

Gleichwohl blieb auch bei dieser Vereinbarung die Möglichkeit des situativen NEIN, das jedoch dann keine Dramatik mehr in sich birgt.

Ich habe in meiner Arbeit häufig die Erfahrung gemacht, daß erwachsene Menschen in der Tat in der Lage sind, sich für eine gemeinsame Erfüllung in der Lust zu entscheiden und Sexualität nicht mehr als Opfer („Meine Lust ist halt weggegangen") oder Verfolger („Du sollst mir geben, was ich brauche") zu erleben. Wir können auch hier zu Gewinnern werden, indem wir davon ausgehen, daß die Welt immer wieder auch Überfluß für uns bereitstellt und wir uns nur dafür zu öffnen brauchen. „Die Probleme der traditionellen Sexualität entstehen, weil die Distanz, die Unterschiede und die Ungerechtigkeit in der Beziehung so groß sind, daß es den Partnern unmöglich wird, ihr Sexleben so befriedigend zu gestalten, wie es möglich wäre. Konventionelle Leidenschaft ist das Ergebnis von Unterschieden zwischen Mann und Frau. Mit dieser Art von sexueller Spannung verbindet sich eine Bilderwelt, in der es um die Freisetzung von positiven und negativen Ladungen geht – hier sprühen die Funken, weil gegensätzliche Elemente aufeinanderprallen. Diese Bilder werden von Blitz und Donner beherrscht, nicht von den harmonischen Elementen der Bindung" (Schwartz 1996, 103).

Die entscheidende Neuorientierung kann geschehen, wenn wir Sexualität nicht mehr als Naturereignis betrachten, sondern als eine freie und bewußte Entscheidung für einen besonderen Kontakt mit dem Partner oder der Partnerin.

Es ist Zeit, die alten Vorstellungen von Sexualität wirklich loszulassen und Nähe und Freude eher zu *gestalten*, als passiv darauf zu warten, „bis der Trieb uns wieder zusammenführt".

Eine der schönsten und wirkungsvollsten Übungen auf diesem Weg ist die Übung im freien Fließenlassen der Impulse. Alles, was Sie dazu benötigen, ist ein Raum, in dem Sie sich bewegen können, und eine fließende, herzöffnende Musik mit Unterschieden in der Dynamik.

Übung „Body Flow"

Stellen Sie sich im Raum so auf, daß Sie beide genügend Platz haben, sich frei zu bewegen, ohne sofort irgendwo anzustoßen. Lassen Sie sich Zeit, Ihre Handflächen als Wahrnehmungsorgane, als sensible Fühler oder als Hörmuscheln zu empfinden. Hören Sie auf die Musik und tun Sie nichts. Kein Machen, kein Tun, kein Druck, keine Ziele. Lassen Sie einfach geschehen, was geschehen will, und lauschen Sie aufmerksam auf die Musik, wie Ihre Hände die Musik aufnehmen, und wie Ihre Hände vielleicht nach einiger Zeit anfangen, sich zu bewegen, ohne daß Sie absichtlich etwas tun. Einfach durch das Hören werden Ihre Hände beginnen, sich zu bewegen. Langsam werden Ihre Arme von der Bewegung ergriffen, bis allmählich immer mehr von Ihrem Körper mit der Musik mitschwingt und sich von ihr bewegen läßt.

Sobald Sie merken, daß Sie etwas tun, dann unterbrechen Sie das Tun. Warten Sie wieder neu auf den spontanen Impuls, bis die Bewegung wie von allein entsteht und Sie in den Tanz trägt. Die Bewegung kann klein und fein sein, still und zart. Sie kann groß und heftig sein, schnell und überwältigend. Ihre Stimme kann dazukommen, Ihr Ton leitet Sie in die Bewegung, und Sie lauschen, Sie hören sich zu, wie Ton, Bewegung und Musik immer mehr zu einer Einheit werden.

Sie können das Nichtstun genießen. Spüren Sie den Unterschied zwischen Machen und Geschehenlassen und geben Sie sich dem Fluß der Bewegung, Ihres Atems und der Impulse hin.

Sie werden vielleicht merken, daß Ihr ganzer Körper in eine angenehme Stimmung und Schwingung gerät und eine leicht erotische Energie aufkommt. Beobachten Sie einfach weiter, was geschieht, ob es Sie zu Ihrem Partner hinzieht oder nicht.

Was immer geschieht, Sie können wahrnehmen, daß in jedem Moment die Lust schon da ist. Wenn wir ganz im Hier und Jetzt angekommen sind, gibt es kein Wollen und keine Ziele mehr.

In der Haltung des Nichtstuns ist es auch möglich, sich gegenseitig in direkter und gleichzeitig absichtsloser Weise zu stimulieren. Wenn wir dies als gegenseitige Einladung begreifen, ohne daß die Erregung von allein „da sein muß", kann dies zu einem liebevollen, entspannten Lustritual werden.

Für Männer ist es gut, daran zu denken, „daß die meisten Frauen anfangs sehr leichte, federzarte Berührungen brauchen und sich eine sanfte Stimulation des ganzen Körpers und des Beckenbereichs wünschen, bevor Sie sich ihren Genitalien zuwenden ... Flüstern Sie Ihrer Geliebten ... ins Ohr, daß Sie sie darum bitten, ihre tiefsten Geheimnisse zu erfahren, bei ihr in die Lehre gehen zu dürfen, um zu lernen, wie Sie sie zur Ekstase bringen können ... Akzeptieren Sie, daß Sie anfangs vieles ausprobieren müssen ... Wechseln Sie die Art Ihrer Berührungen nicht zu schnell.... Finden Sie heraus, welche Berührung ihr am besten gefällt ... Bleiben Sie offen für die Anleitungen Ihrer Partnerin" (Naslednikov 1990, 191).

Frauen wie auch Männer brauchen eine beständige Präsenz des Partners und spüren in diesen für Störungen so empfindlichen Situationen jede Ablenkung der Aufmerksamkeit, jede Ungeduld oder Erwartungshaltung. Etwas erreichen zu wollen und feste Vorstellungen davon zu haben, wie etwas zu sein hat, sind die besten Verhinderer unserer Erfüllung in der Lust. Das Unbekannte riskieren, die innere Haltung des Erforschens neuer Kontinente des Bewußtseins ist eine hilfreiche Brücke zu wirklicher Begegnung.

Für Frauen ist es wichtig zu wissen, „daß die meisten Männer eine direkte, intensive Stimulation ihres Penis brauchen, um eine Erektion zu bekommen. Erwarten Sie nicht, daß Ihr Partner automatisch eine Erektion bekommt, und lassen Sie sich nicht entmutigen, wenn er sie wieder verliert. Bitten Sie ihn vielmehr, Ihnen genau zu sagen, was er braucht und wie er berührt werden möchte ... Viele Frauen denken, sie müßten die Stimulation verlangsamen, wenn sie das Gefühl haben, daß ihr Partner nicht mitkommt. In den meisten Fällen trifft genau das Gegenteil zu ... Vermitteln Sie ihm das Gefühl, daß Sie die Führung übernommen haben, daß Sie sich selbst vertrauen und genau wissen, was zu tun ist. Das wird ihm bei der heiklen Aufgabe helfen, Ihnen die Kontrolle zu überlassen" (Naslednikov 1990, 195).

Eine weitere Möglichkeit, den gemeinsamen Tanz zu gestalten, ist, ein Verbindungsritual zu phantasieren, zu planen und zu genießen. Wir erfahren dabei sehr viel über die Wünsche, heimlichen Phantasien und Sehnsüchte unserer Partner und können sie auf einer symbolischen oder realen Ebene erfüllen. Ein Verbindungsritual kann immer wieder gestaltet werden, es kann jedoch auch bei einem Mal Kraft zur Erneuerung und Bewußtseinserweiterung entfalten.

Rituale haben durch den bewußten Vollzug eine ihnen innewohnende Kraft. Sie heben uns aus der Alltäglichkeit in einen Raum von unterstützenden Energien. Wir können lernen, Rituale nach unseren eigenen Vorstellungen zu gestalten und damit die teilweise vorhandenen Vorurteile gegen traditionelle Rituale überwinden. Die folgenden Anregungen sollen Ihnen einige Hinweise geben, wie Sie leicht in diesen inneren Raum der Erfahrung der Kraft eines Rituals gelangen können. Wählen Sie einen eigenen Namen für dieses Ritual, es kann auch Hochzeits- oder Entscheidungsritual genannt werden.

Übung „Verbindungsritual"

Setzen Sie sich Ihrem Partner gegenüber, lassen Sie sich Zeit, zu atmen und zu entspannen.

Nach einiger Zeit beginnen Sie im Wechsel zu sammeln, was Sie sich alles für ein Ritual, in dem Sie sich Ihre gegenseitige Verbindung versichern wollen, wünschen. Gemeinsam wählen Sie einiges aus und gestalten damit in der Phantasie ein Ritual. Sie können die Szenen des Rituals auch an einen mystischen Ort, in einen Urwald oder wo immer Sie mögen, hinverlegen. Sie können sich Zeugen, Hilfsgeister und FreundInnen einladen. Sie sind völlig frei, alles zu ersinnen, was Ihrer Seele gut tut. Dann suchen Sie sich die notwendigen Hilfsmittel und Gegenstände (Öl, Kerzen, Musik, Tücher, Blumen, Räucherwerk etc.) zusammen und sorgen dafür, daß Sie beide ungestört sind. Der Ablauf des Rituals wird zwar im Vorhinein festgelegt, kann aber im Verlauf spontan verändert werden, wenn es sich so ergibt.

Wichtig ist, daß Sie sich beide vorher für alle Ritualschritte die Erlaubnis gegeben und den Ablauf genau abgesprochen haben. Sogar Worte und Bewegungen sollten festgelegt werden. Damit bekommen wir die Möglichkeit, über unsere gewohnten Muster hinauszugehen, unsere Ängste, etwas Ungewohntes zu tun, werden geringer, und die vorher gegebene Erlaubnis ist ein Wegbereiter auch über schwierige Klippen hinweg.

Sie können bei diesem Ritual sehr genau spüren, wie weit Sie gehen wollen (z.B. wie weit will ich im Kirchenschiff bis nach vorn zum Altar gehen oder nicht – wie nahe baue ich meine Hütte in diesem Märchenwald neben deine – wie sehr werde ich mich heute deinen mir zunächst fremden Wünschen hingeben usw.).

Wichtig ist, daß das Ritual einen klaren Anfang und ein klares Ende hat. Bewährt hat sich, zu diesem Ritual Freunde zu bitten, als RitualmeisterIn die Führung zu übernehmen. Damit ist zusätzlich Erlaubnis im Raum, und der oder die Dritte kann Unterstützungsfunktionen bei schwierigen Schritten (etwas aussprechen, sich etwas wünschen, etwas unter Zeugen sagen) übernehmen.

Solche Rituale als gemeinsam gestaltete Zeit wirken sich kraftvoll auf den Liebesalltag aus und strahlen in ihrer Energie dann auch auf dunklere Tage. Die Erfahrung zeigt, daß oft nur der erste Anfang schwierig ist, nämlich die Überwindung der Vorstellung, daß Kontakt grundsätzlich spontan, also ungeplant sein müsse. Gestaltete Gemeinsamkeit kann viel spontaner sein als „normale Begegnungen", da wir uns damit eine größere Chance geben, über die Grenzen unserer alten Verhaltensgewohnheiten zu springen. Und da eigentlich beginnt Lebendigkeit.

8. Mit den Mustern spielen

Die Möglichkeiten, uns selbst und den Partner zu beglücken, können durch bewußten Umgang mit unseren Grundeinstellungen zum Leben erweitert werden. Ich gehe von zwei Grundannahmen aus:

➤ Der Mensch ist ein *strukturen*bildendes Wesen.

➤ Diese Strukturen oder Muster sind einerseits tief in uns verankert, andererseits prägen sie sich je nach Art des Gegenübers unterschiedlich aus. Beziehungen sind Systeme, die unser Verhalten auf ihre ganz spezifische Weise beeinflussen.

Wir sind nicht einfach nur anders, d.h. nicht nur verschiedene Individuen, sondern wir haben unterschiedliche Einstellungs- und Verhaltens*muster*, und diese Strukturen lassen sich beschreiben und voneinander abgrenzen. Diese Muster passen manchmal gut, manchmal gar nicht zusammen. Insofern ist es eine legitime und sogar notwendige Frage: Passen wir eigentlich zusammen?

Es gibt verschiedene Modelle von diesen Strukturen, und alle erklären einen jeweils unterschiedlichen Ausschnitt der Wirklichkeit. Sie erlauben, besser zu verstehen, wie mein Gegenüber ist und wie ich bin. Wir können uns dann fragen, wie wir uns innerhalb dieser Strukturen gegenseitig beglücken können.

So erlaubt mir das in Kapitel 5 beschriebene Modell, in dem der Mensch als Gefäß aufgefaßt wird, die Frage zu stellen: Sind wir beide ähnlich oder zumindest vergleichbar in der Fähigkeit, Energien zu halten, zu sammeln und loszulassen? Wie kann ich im Bewußtsein dieser Struktur meinen Partner und mich besser verstehen? Wie kann ich uns unterstützen, im Hinblick auf diese Strukturen unseren Handlungsspielraum zu erweitern?

Beispielsweise gibt es Paare, bei denen die oder der eine sehr leicht zerfließen kann und alles sehr schnell zuviel wird, während es für den anderen überhaupt kein Problem darstellt, daß alles so intensiv und anstrengend ist.

Dies ist ein Hinweis für die unterschiedliche Kapazität der Organismen, Energien zu halten. Dieser Unterschied stellt im Alltag noch kein großes Problem dar. Aber je weiter wir in den Innenraum kommen, je weiter es ins Intime geht, desto wichtiger wird es, daß die Energien auf eine vergleichbare Weise gehalten werden können. Sonst fällt die eine oder der andere in ein Loch, wenn er oder sie ein Gegenüber sucht und kein Gegenüber mehr da ist, d.h. im Körper des Partners „niemand mehr zu Hause ist".

Neben den körperlich bedingten Strukturen gibt es auch die biographisch gelernten Einstellungsmuster. Menschen unterscheiden sich wesentlich in ihrer Grundeinstellung zum Leben. Diese Grundeinstellung prägt die Art und Weise unserer Wahrnehmung, und mit dieser unterschiedlichen Wahrnehmung stellen wir die Welt, die Ereignisse und Erlebnisse überhaupt erst her. Es ist manchmal schmerzlich, sich einzugestehen, daß es keine objektive Realität da draußen gibt, sondern daß wir diese „Wirklichkeit" in unseren Wahrnehmungsmustern *konstruieren*.

Unsere Grundhaltungen zum Leben und die des Partners lassen sich beschreiben:

Übung „Grundhaltungen zum Leben"

Um ein tieferes Verständnis für den Partner zu erreichen, ist es hilfreich, sich gegenseitig folgende Fragen zu stellen:
➤ Wie wichtig ist dir Nähe, und wie sehr kannst du sie aushalten?
➤ Wieviel Distanz und Grenzen brauchst du, um dich wohl zu fühlen?
➤ Wieviel Sicherheit, Ordnung und Leistung brauchst du?
➤ Wie wichtig sind dir Spontaneität, Wechsel und Offenheit?
➤ Ist es schön zu leben?
➤ Wurdest du geliebt?
➤ Ist Sexualität Anspannung oder Erholung und Genuß?
➤ Wieviel Freude, Lust, Wut, Trauer und Angst kannst und willst du aushalten? Ab wann ist es zuviel für dich?

> Wie wichtig sind für dich Belastung, Tempo, Sport, Ruhe und Gesundheit?
> Fühlst du dich auf der Welt willkommen oder nicht?
> Lohnt sich das Leben, oder ist alles vergebens?
> Bist du schwach und hilflos, oder ist Anstrengung eine Herausforderung für dich, an der du wächst?
> Fühlst du dich o.k. oder nicht o.k?
> Erlaubst du dir, leicht und ungezwungen zu leben?
> Sind heitere Gelassenheit, Lachen, Spiel, Verspieltheit, Freude, Langsamkeit, Entspannung, Zärtlichkeit, Gesundheit, Ausgeruhtheit, Da-Sein und Da-Bleiben, An-Nehmen und Ja-Sagen wirkliche Werte für dich?
> Was löst es in dir aus, wenn du meine Muster und Bedürfnisse erfährst?

Wenn Sie in diesen Fragen einen sehr großen Unterschied feststellen, können Sie davon ausgehen, daß Sie sehr unterschiedliche Schwingungsfrequenzen haben, aus denen Strukturen entstanden sind, die sich wahrscheinlich gegenseitig blockieren oder gar auslöschen. Wie wir weiter unten noch sehen werden, sind diese Strukturen jedoch nicht nur individuell und ein für alle Mal festgelegt, sondern können sich auch je nach Gegenüber verändern.

Das System unserer Beziehung, also die Beziehung selbst, prägt unser Verhalten ebenso wie unsere mitgebrachten Verhaltensmuster. Es ist wichtig, die beziehungsinternen Regeln und Systemkräfte, die unser Verhalten beeinflussen, ebenso zu kennen, wie unsere Persönlichkeitsstrukturen.

Es lohnt sich nicht zu streiten, ohne sich diese Grundpositionen bewußtgemacht zu haben. Wenn ich entweder aus der Position des „Ich bin nicht o.k." oder „Wir als Beziehung sind nicht o.k." streite, wird daraus ein endloses, vielleicht die ganze Nacht dauerndes Streitgespräch werden. Dabei geht es gar nicht mehr um Inhalte, sondern es geht um den Beweis, daß die Welt, mein Partner und damit auch die Beziehung nicht gut sind.

Dieses Muster läßt sich nur auflösen, wenn ich es mir anschaue und mich frage, wie ich dazu gekommen bin, und wann und wie ich als kleines Mädchen, als kleiner Junge die Entscheidungen gefällt habe, daß ich nicht o.k. bin und die Welt auch nicht in Ordnung ist.

Durch diese Lebensentscheidungen gehe ich in die Opferrolle, und wenn ich Opfer bin, mache ich mein Gegenüber zum Verfolger. So programmiere ich das Drama vor. Doch wir können das Spiel jederzeit beenden, wenn wir es erkennen und bereit sind, aus unseren Mustern auszusteigen.

Zur Verdeutlichung dieser Grundhaltungen zum Leben gebe ich Ihnen ein Modell (vgl. Ron Kurtz) möglicher Einstellungsmuster.

Übung „Grundmuster des Erlebens"

Sie können spüren, welche der folgenden acht Seins- und Fühlweisen bei Ihnen am ehesten zu einer Resonanz führt, wo am ehesten etwas in Ihnen anklingt:

1. Zur ersten Gruppe gehören Menschen, für die hauptsächlich folgende Themen wichtig sind : „Ich gehöre hier nicht her. Ich habe keine Existenzberechtigung. Es wird mir alles zuviel. Ich spüre alles ganz fein und genau."

2. Eine weitere Gruppe von Menschen denkt und fühlt: „Ich bekomme nie genug. Es reicht nie aus für mich. Es ist nie richtig. Ich werde niemals satt."

3. Eine dritte Gruppe vermittelt der Welt den Eindruck: „Ich komme schon klar. Ich mach das schon alleine. Das schaffe ich schon. Ich brauche gar nicht so viel."

Mit diesem Muster wird die zweite Lebenshaltung kompensiert, d.h., die zugrundeliegende Bedürftigkeit wird in einem Als-ob-Verhalten überspielt.

4. Die vierte Gruppierung ist überzeugt von folgender Weltsicht: „Kontakt geschieht nur über Verführung. Nur wenn ich verführe, kann ich mein Gegenüber im Kontakt halten. In Charme, Nettigkeit, der liebe Junge, das hübsche Mädchen – dieses verführerisch Charmante im Kontakt – liegt die einzige Möglichkeit der Begegnung."

5. Die fünfte Gruppe lebt nach dem Prinzip: „Nur über Kraft, Macht, Kontrolle und absolutes Darüberstehen kann ich meine Angst bewältigen, kann ich einen Kontakt herstellen."

6. Die sechste Gruppe trägt auf ihren Schultern die Last folgender Haltung zum Leben: „Ich habe immer und an allem schuld. Ich bin verantwortlich dafür, daß meine Mutter unglücklich ist, daß mein/e Freund/in unglücklich ist. Ich habe immer schuld."

7. Die siebte Gruppe macht aufgrund ihrer oft unbewußten alten Entscheidungen immerfort diese Erfahrung: „Ich zerfließe. Ich kann nichts halten. Ich habe keine Grenzen. Ich weiß nicht, wer ich bin." Gefühle sind diesen Menschen das wichtigste im Leben.

8. Die achte Gruppe kämpft sich mit folgender Anschauung durchs Leben: „Nur durch Leistung, Arbeit, Disziplin und Anstrengung schaffe ich mir einen Platz auf dieser Welt."

Die Frage stellt sich: Woher kommen diese Grundüberzeugungen? Sind sie vielleicht vererbt und stabil, oder sind sie veränderbar?

Diese Strukturen sind zum einen mitgebracht von unserer körperlichen Konstitution her. Wir unterscheiden uns durch unsere Körper, wir sind unterschiedliche Organismen, einige sind empfindlicher und sensibler, andere sind robuster, mit tausend Variationen.

Unsere Grundüberzeugungen werden zum anderen auch davon bestimmt, wie wir aufgezogen worden sind, in welcher Phase unserer Entwicklung bestimmte Krisen stattgefunden haben und wie sie verarbeitet worden sind.

Zum Beispiel weist ein fehlendes Gefühl für Existenzberechtigung („Ich habe keinen Platz auf dieser Welt") auf eine ganz frühe Traumatisierung in der Entwicklung des Kleinkindes hin. In dieser ersten Phase wird jene Struktur geprägt, die wir feinnervig analysierend nennen. Bei diesen Menschen ist die Wahrnehmungsqualität viel stärker für das, *was* mir da angeboten wird. Ist die Brust süß oder bitter, ist dieser Kontakt nährend oder nicht, ist er anregend oder nicht?

Wenn in dieser ersten Phase alles gutgegangen ist, kann es dennoch zu einem Mangel in der zweiten Phase kommen: „Ich bekomme nie genug."

In dieser sog. oralen Struktur finden wir eine viel größere Bereitschaft, all das zu nehmen, was kommt. Ob z.B. die Musik nun schwammig ist oder nicht, ist egal. Hauptsache ist, daß da überhaupt ein Impuls ist und ein Jemand (ich übertreibe jetzt, um es zu verdeutlichen).

Es gibt Menschen, bei denen Sie einfach dasein können und gar nichts zu tun brauchen. Sie sind einfach froh, daß Sie als ein weiterer Mensch da sind und daß sie die Einsamkeit nicht spüren müssen.

Wichtig ist, daß ihnen überhaupt nur irgendeine Zufuhr von Energie oder Impulsen (was ja das bloße Da-Sein auch ist) gegeben wird. Sie merken teilweise gar nicht, daß ihr Gegenüber menschlich abwesend ist, sich nicht voll eingibt oder Giftiges gibt. Andere merken sofort, wenn irgend etwas nicht stimmt, und intervenieren umgehend: „Das will ich nicht, diese Brust schmeckt mir nicht." Darin unterscheiden sich Menschen strukturell.

Von der Entstehung her ist einiges an diesen Reaktionen zu verstehen: So ist es einleuchtend, daß jene zweite Struktur -„Ich kriege nie genug. Es ist egal, was kommt" – z.B. fließende Musik angenehm findet, denn sie erinnert sie an den Urzustand im Mutterbauch, in dem noch alles in Ordnung war.

Hingegen wurde für Menschen, deren Existenzberechtigung bedroht ist, wahrscheinlich schon im Mutterbauch durch ablehnende Reaktionen der Mutter (die auch durch chemische Impulse übertragen werden) dieses Fließen teilweise negativ besetzt. Meist können sie dann undifferenzierte, fließende Musik nicht ertragen. Einige Psychologen gehen davon aus, daß die Frage der Existenzberechtigung eine sehr frühe Erfahrung im Mutterbauch repräsentiert, die entweder vorgeburtlich oder um die Geburt herum (perinatal) stattfand.

Entsprechende Reaktionsweisen sind darüber hinaus von der Tageszeit, der Tagesform, von den Stimmungen und der Umgebung abhängig, aber diese Unterschiede bleiben aufs Ganze gesehen letztlich erhalten.

Es ist möglich, daß Paare und Gruppen auf eine sehr liebevolle Weise mit diesen Strukturen umgehen, indem sich die Partner gegenseitig die zu den jeweiligen Verboten und Einschränkungen gehörenden Erlaubnisse geben.

Sie können spüren, was Ihr Partner braucht und was er oder sie hören muß, um Erlaubnis zu bekommen, um loszulassen oder Grenzen zu setzen.

Für einige ist die Erlaubnis: „Du darfst Grenzen haben" völlig unsinnig, weil sie sowieso stark abgegrenzt sind, aber für andere ist es gerade diese Erlaubnis, die wichtig ist. Sie können in eine neue Erfahrungswelt treten, wenn sie sich erlauben, Grenzen haben zu dürfen und Nein sagen zu lernen. Andere brauchen die Erlaubnis: „Du darfst dich ausruhen." Andere wiederum reagieren besonders auf: „Du darfst bedürftig sein."

Unsere Bedürfnisse und Gefühle, aber auch unsere Art zu denken sind von unseren Grundüberzeugungen geprägt. Wir neigen dazu, unsere Überzeugungen zum Maßstab zu erheben sie als das allgemeinverbindliche Normalverhalten anzusehen. Ähnliche Grundmuster sind uns vertraut, entgegengesetzte erscheinen uns als fremd.

Die dadurch entstehenden Kontaktbarrieren können wir dadurch verkleinern, daß wir uns mit unseren Mustern einbringen und verständlich machen. Das setzt voraus, daß wir sie nüchtern ohne Wertung ansehen, annehmen und mitteilen:

➤ „Ich bin jemand, dem Nähe wichtig ist, und ich bekomme Angst, wenn du auf Distanz gehst. Ich brauche, um mich sicher fühlen zu können Nähe, Wärme und akzeptierende Gefühle. Mensch sein heißt für mich, mit anderen in Beziehung zu stehen." (Nähetendenz)

➤ „Ich bin jemand, der viel Abstand und Grenzen braucht. In der Nähe bekomme ich leicht Angst. Ich kann mich nur auf mich selber verlassen." (Distanztendenz)

➤ „Ich bin jemand, dem Kontinuität und Ordnung das wichtigste ist. Wenn etwas ohne System und Ordnung geschieht, bekomme ich Angst. Ich fühle mich nur sicher, wenn alles gut vorausgeplant ist." (Dauertendenz)

➤ „Ich kann mich nur spüren, wenn das Leben voll ist von Spontaneität, Wechsel und neuen Erfahrungen. Intensive Gefühle sind für mich das wichtigste im Leben." (Wechseltendenz)

„In Paarkonflikten sind diese vier Strebungen *nicht* gleichberechtigt. Bei einem Konflikt zwischen Nähe- und Distanztendenz muß kurzfristig die Distanztendenz gewinnen, damit langfristige Beziehungen überhaupt aufrechterhalten werden können. Denn guter Kontakt kann nur zwischen Menschen zustande kommen, die in diesem Moment dazu bereit sind. Wenn einer wirklich nicht will, Überdruß empfindet und eigentlich allein sein möchte und nur mit Rücksicht auf die Gefühle des anderen mit ihm zusammen ist, so sammelt sich langfristig Groll an. Dieser Groll gegen den Partner kann regelrecht in Ekel umschlagen. Das gleiche gilt für die Zeitachse: In einem Konflikt zwischen Dauer- und Wechseltendenz muß kurzfristig die Wechseltendenz gewinnen, damit die Beziehung langfristig aufrechterhalten werden kann (wenn dies das Ziel ist)" (Thomann, Schulz von Thun 1996, 172).

Neben diesem Vierermodell nach Fritz Riemann (Nähe-, Distanz-, Dauer- und Wechseltendenz), dem Enneagramm und den obigen Grundhaltungen und Grundmustern gibt es noch das Delphin-Modell (Kap. 11), das Geburtsprozeßmodell nach Grof (vgl. Mack 1996) und zahlreiche andere Einteilungen unserer Verhaltensmuster. Kein Modell erfaßt unsere gesamte menschliche Wirklichkeit. Sie sollten also keine dogmatische Lehre aus einem Modell machen. Dennoch ist es hilfreich, diese Modelle als Landkarte zur Beschreibung unserer Reaktionsmuster zu nutzen. Spielen Sie mit diesen Modellen und Mustern, erfinden Sie eigene Modelle Ihrer Verhaltensmuster und lassen Sie sie auch wieder los, um ganz dem einzelnen Verhalten und seiner Bedeutung in diesem Moment Aufmerksamkeit zu schenken.

Wenn Sie bei Ihren Mustern große Unterschiede zwischen sich und Ihrem Partner festgestellt haben, dann sind die letzten Antworten über die gemeinsame Glücksmöglichkeit noch nicht gegeben. Entscheidend ist, ob beide bereit sind, ihre Muster einzubringen, in Frage zu stellen und ihre Grundüberzeugungen auszudehnen.

Dennoch wird es Grenzen darin geben, wieweit wir uns verändern können. Dann ist die Frage wichtig, ob meine Kraft und meine Liebe groß genug sind, um die verbleibende Spannung tragen und diesen Verzicht auf Gemeinsamkeit aushalten zu können.

Wenn wir uns diese Fragen ehrlich beantwortet haben, wissen wir, worauf wir uns einlassen.

Wenn ich die Unterschiedlichkeit von uns beiden sehe, dann habe ich das Programm vor mir, was in den nächsten Jahren zu tun ist. Ich kann mich kritisch fragen, ob ich bereit und kraftvoll genug bin, diesen notwendigen gemeinsamen Lernprozeß der Annäherung zu tragen. Wenn ich mit Ja antworte, dann entsteht ein völlig anderer Beziehungszustand, als wenn ich heimlich leidend hoffe, daß er oder sie doch morgen anders sein wird, obwohl es vielleicht unrealistisch ist.

Dieser Prozeß, in dem wir uns mit unseren Mustern transparent machen, ist die Basis einer erwachsenen Beziehung. Damit können wir in einem aktuellen Konflikt über die Erscheinungsebene hinausgelangen und erkennen, worum es im Moment eigentlich geht. Wir können einen Konflikt nur dann wirklich beilegen, wenn wir uns auf der strukturellen Ebene, auf der Ebene der Grundbotschaften über das Leben, verständigen können.

Unsere grundlegenden Strukturen werden wir wahrscheinlich behalten. Ein Wandel ist vor allem dann nicht in Sicht, wenn wir uns nicht trauen, unsere Charakterstrukturen genau kennenzulernen und zu benennen. Die Frage ist nämlich, ob wir den Charakter besitzen oder der Charakter uns besitzt. Wenn wir die Identifikation mit unseren eigenen Glaubenssystemen loslassen und einen neuen Entwurf unseres Selbst wagen, haben wir eine Chance für eine Wandlung.

Das Leben ist Beziehung. Alles, was lebt, ist verbunden im „großen Netz" und lebt aus dieser Verbindung. Liebe als Grundverbindungsenergie ist seit der Zeugung vorhanden und wird dann im Laufe der Zeit vertieft, je nachdem, wie unser geistiges und körperliches Gefäß beschaffen ist, wieviel wir halten und fließen lassen können.

Für unsere Möglichkeit, Liebesenergie aufzunehmen, spielt es keine Rolle, ob wir z.B. einen athletischen Körper haben, sondern entscheidend ist, wie unsere individuelle seelische Struktur beschaffen ist und wieviel Grundenergie wir halten und fließen lassen können, wieviel Komplexität von Verbindung wir zuzulassen bereit und in der Lage sind.

Diese Fähigkeit ist nun bei Menschen auf der personalen Ebene sehr verschieden ausgeprägt. In einer intimen Beziehung ist es wichtig, daß diese Grundschwingungen eine ähnliche Frequenz haben. Wenn wir zu Menschen in Beziehung treten, deren Schwingungen höher oder tiefer als unsere sind, fühlen wir uns labil und unsicher. Wenn wir keine gemeinsame Schwingungsebene erreichen, ist eine tiefe Verbindung nur schwer möglich. Es kann sein, daß wir uns in den Schwingungen so weit auseinanderbewegen, daß wir uns gegenseitig nicht mehr gewahr sind (vgl. Golas 1995).

Auf der Ebene, die unsere persönlichen Muster und Fixierungen übersteigt, in unserem transpersonalen Raum, sind jedoch Verbindungen möglich, die uns in unserem Alltagsbewußtsein kaum realisierbar erscheinen.

Wir können lernen, wir können wachsen, wir können uns weiterentwickeln. Wir können mit unseren Strukturen besser umgehen, indem wir sie durchschauen und nicht mehr nur reagieren. Wir können lernen, mit den Mustern zu spielen. Es gibt die Möglichkeit des Springens.

IV. Auf den Wellen reiten

9. Bereitschaft zum Sprung?

Wichtig für unsere Liebesfähigkeit ist die Bereitschaft, in jedem Moment des Lebens etwas völlig Neues in unser Leben treten zu lassen. Indem ich mir meine einschränkenden Muster bewußtmache und somit die Bedingung dafür schaffe, aus diesen Mustern herauszuspringen, lege ich die Grundlage für Kontakt.

Das Unbekannte zu riskieren ist ein Weg zur Liebe, wahrscheinlich der einzige. Das Nichtwissen zu wagen und anzunehmen ist ein Weg, in Kontakt mit dem Jetzt zu kommen. Das Jetzt ist die Selbstwahrnehmung und die Wahrnehmung der Welt in diesem Moment. In der Jetzt-Erfahrung sind Vergangenheit und Zukunft zwar im Hintergrund bewußt, prägen aber nicht den Vordergrund der Erfahrung. Nur im Jetzt können wir uns durch unsere wirkliche Anwesenheit dem Kern der Liebe nähern.

Wenn ich alte Überzeugungen und das, was ich ohnehin schon immer zu wissen glaube, loslasse, kann ich dem Abenteuer des überraschenden Jetzt und damit dem wirklichen Du und Ich begegnen. Wenn wir nur auf der Ebene dessen leben, was wir sowieso schon wissen, können wir niemals etwas Neues erfahren.

Das Schwierige dabei aber ist, daß wir geneigt sind, das festzuhalten, was wir haben.

Zum Glück gibt es aber auch die andere Strebung in uns, nämlich Neues zu erfahren und riskieren zu wollen.

Unsere Entwicklung wird jedoch nicht widerspruchsfrei verlaufen. Einerseits sind wir seit Jahrmillionen mit der Tierwelt verbunden, und als solche sind wir wie diese langsame Lerner und konservativ. Gleichzeitig sind wir als informationsverarbeitende und immer komplexer kommunizierende Wesen auch zu Lernsprüngen und zu plötzlichem Wechseln von Ebenen fähig. So können wir z.B. über unsere Fähigkeit, die Bedeutung von Ereignissen zu verändern, unsere Wirklichkeit umgestalten.

Wachstum geschieht langsam *und* in Sprüngen.

Zuerst entwickelt sich der Wachstumsprozeß langsam. Wir erfahren Rückschläge, gehen durch die Schmerzen bei der Aufarbeitung unserer individuellen und kollektiven Geschichte. Wir erfahren unsere Grenzen und wie wir zäh an unseren alten Strukturen festhalten.

Irgendwann kommt dann die Möglichkeit zu einem Sprung in eine neue Dimension unserer Bewußtseins- und Lebensmöglichkeiten. Diese Möglichkeit zu einem Entwicklungssprung scheint durch die globale Entwicklung unterstützt zu werden: Wir leben in einer Zeit der Beschleunigung von Entwicklungen, von Komplexität und Globalisierung unserer Beziehungen. Dies beinhaltet jedoch auch wachsende Gefahren und Risiken von Pathologien. Das Hölderlin-Wort: „Wo die Gefahr wächst, wächst das Rettende auch" muß in diesem Zusammenhang auch umgekehrt gesehen werden: Wo die positiven Entwicklungsprozesse sich beschleunigen, wächst auch die Gefahr. Diese Gefahren sind u.a. die Probleme von Mißbrauch der technischen Neuerungen, von Überforderung des einzelnen und ganzer Bevölkerungsschichten und der immer größer werdenden Macht in wenigen Händen.

Grundsätzlich sind wir jedoch von unserer Grundausstattung her gut ausgerüstet für einen gemeinschaftlichen positiven Entwicklungsprozeß und können die schlummernden Potentiale in uns wachrufen und aktivieren.

Dies kann dadurch geschehen, daß wir unsere Gehirnhälften intensiver verbinden, unsere Intuition erschließen und unsere Wesenskräfte erfahren und so zu einer erfüllenderen Welterfahrung gelangen. Auf diesem Weg können wir lernen, zwischen verschiedenen Wirklichkeitsebenen zu wechseln. Wie dies im Einzelnen geübt werden kann, wird in den weiteren Kapiteln gezeigt.

Sprünge auf ein neues Energieniveau können jedoch auch nur vorübergehend oder sogar eine Täuschung sein. Wir beobachten das häufiger in der alltäglichen therapeutischen Arbeit, daß eine neue Erkenntnis, z.B.: „Ich bin frei", den ganzen Körper ergreift und plötzlich ein Gefühl von Weite und Kraft im ganzen Körper spürbar ist. Auch entsprechende Bilder stellen sich ein, weite Landschaften, kraftvolle innere Begegnungen und Vorstellungen vom Loslassen des Alten. Wir können sagen, daß wir in diesem Moment eine Barriere übersprungen haben. Und dennoch können wir wieder in alte Gefühle und Glaubenssätze zurückfallen.

Das nächste Mal dauert die Zeit jenseits der Barriere vielleicht schon etwas länger. Es ist hilfreich, in den Zeiten vor der Barriere den Blick auch immer wieder hinter die Grenze zu richten und sich eine mögliche, positivere Lebensführung vorzustellen. Dies klingt paradox. Wenn es uns gelingt, relativieren wir dadurch unser derzeitiges Leid und richten unsere Energie auf positivere Möglichkeiten.

Wir können bis ins Detail ausmalen, wie unsere Gefühle, unsere Kontakte, unsere Bilder und unser Körper sich anfühlen würden, *wenn* wir schon in dieser neuen Dimension leben würden. Wir bereiten uns damit auf den noch unbekannten Zustand der Erfüllung vor und erleichtern es unserem Organismus, sich später dann an den neuen Zustand zu gewöhnen.

Eine gute Übung in Sachen Liebesfähigkeit ist also:

Übung „Erfüllung"

Stellen Sie sich vor, Sie hätten sich so verwandelt, wie Sie sein möchten. Erlauben Sie sich, sich wirklich schön, frei, geliebt, aktiv, stark, gefühlvoll, kreativ, glücklich und strahlend zu sehen. Malen Sie sich die Details aus und setzen Sie immer wieder den Ankersatz dazu: „Ich erlaube mir, so und so … zu sein."

Diese Transformation geht langsam und auch in Sprüngen vor sich. Voraussetzung für einen Sprung ist ein erhöhtes Energieniveau in Bewußtheit, Austausch und Vernetzung, d.h. in der Komplexität. Ohne „verrückt" zu sein, können wir nicht mehr normal bleiben. Ohne außergewöhnliche Wege kann das bestehende System von Gesellschaften, Organisationen, Gruppen und Paaren nicht aufrechterhalten werden. Die sozialen Systeme müssen sich radikal transformieren, um überleben zu können, und somit auch die Beziehungen.

Damit ist die Frage an mich und meine/n PartnerIn verbunden: Bin ich bereit, meine Charakterstrukturen zu erkennen, mich der Einsicht zu stellen, daß ich so geworden bin, und dann über diese Strukturbarriere zu springen?

Dieses Springen ist die Grundlage der Reife, die uns ermöglicht, intuitiv einen guten Partner/eine gute Partnerin zu finden, eine/n, der oder die im wesentlichen dieselbe Reife oder Bereitschaft besitzt, sich auf diese Reise zu begeben. Die Wahl eines Partners, der nicht zum Springen bereit ist, „rührt aus eurer verborgenen Angst, selbst diese Reise zu unternehmen. Ihr zieht magnetisch Menschen und Situationen an, die euren unbewußten Wünschen und Ängsten entsprechen" (Pierrakos 1994, 94).

Die Kraft der Vision oder der Phantasie zu nutzen ist eine eminent menschliche Qualität. Unser technisiertes, rationales Zeitalter hat diese Kraft in die Zeit der Kindheit verbannt. Ich bin jedoch davon überzeugt, daß wir in der nächsten Zeit immer mehr von der realitätsbildenden Kraft der Phantasie Zeugnis bekommen. So kann ein Umdenken vonstatten gehen und die Kraft der Phantasie auch für unsere Liebesbeziehungen genutzt werden.

Eine Übung, die in der Arbeit mit Menschen oft einen Durchbruch ermöglicht, ist die Wunderfrage (von Steve de Shazer):

Durch die Wunderphantasie können einzelne, Paare oder Gruppen aus dem alten System der Ursache-Wirkungs-Muster springen. Die alten Vorwürfe, das Denken in der Vergangenheit, können sich auflösen. Mit diesem Erlebenssprung verlassen sie die alte Klebekraft der fatalistischen Deutungen und Empfindungen und können ihr System energetisch auf eine neue Umlaufbahn bringen.

Dieses Sich-Entwerfen in einen möglichen Raum von Erfüllung ist in der Phantasie jedem Menschen möglich. Wenn wir diesen Entwurf unterlassen, dann meist aus Angst vor dem Neuen, dem Unbekannten. Wir können dann liebevoll mit uns das Tempo verlangsamen und uns verzeihen, daß wir heute keine „schnellen Transformatoren" sind, und uns ausruhen und auch dafür lieben.

10. Fließenlassen oder die Geheimnisse des Glücks

Wie können wir uns noch tiefer in die Geheimnisse des Glücklichseins vortasten? Was sind die Voraussetzungen für diesen Zustand, den wir als „schöpferischen Energiezustand" beschreiben können?

Einige nennen diesen Zustand auch *Moment of Excellence* oder *Flow*. Ich bezeichne ihn als *Delphinisches Bewußtsein*.

Dieser Zustand kann einerseits aus einer tiefen Stille herrühren oder aus dem Lustempfinden, wenn wir die Herausforderung einer Aufgabe annehmen, die unsere Möglichkeiten in neue Richtungen erweitert. Viele Menschen beschreiben diese Momente als die schönsten Augenblicke ihres Lebens. Sie berichten, daß sie während dieser wunderbaren Momente so handelten, als würden sie von der Strömung eines Flusses davongetragen (Flow oder Auf-der-Welle-Reiten).

„Bei all diesen ... Tätigkeiten hängt das Glücksgefühl damit zusammen, daß man seine bisherigen Grenzen überschreitet und zu neuen Fähigkeiten und Erkenntnissen vorstößt." Csikszentmihalyi (1995, 234), der Erforscher des Flow, der Tausende von Menschen nach diesen beglückenden Situationen befragt hat, nennt acht charakteristische Aspekte der Flow-Erfahrung:

1. Die Ziele sind klar. Infolge des genau definierten Zieles weiß man sofort, wie erfolgreich man handelt.
2. Die individuellen Fähigkeiten passen gut zu den gegebenen Herausforderungen.
3. Handeln und Bewußtsein verschmelzen. Es liegt eine geschärfte Aufmerksamkeit vor.

4. Man konzentriert sich ausschließlich auf die anstehende Aufgabe.
5. Es besteht ein Gefühl potentieller Kontrolle der Situation. Zwar haben wir niemals alles unter Kontrolle, wir sind uns in diesen gezielten Situationen jedoch bewußt, daß eine Möglichkeit der Kontrolle im Prinzip vorhanden ist.
6. Man ist selbstversunken und überschreitet die eigenen Grenzen. Es entsteht der Eindruck, momentan zu wachsen und Teil eines größeren Ganzen zu werden.
7. Das Zeitgefühl ist verändert, die Zeit scheint schneller zu vergehen.
8. Man geht der Beschäftigung um ihrer selbst willen nach.

Im Genuß des Flows erweitern wir unsere persönlichen Grenzen und bringen unser Bewußtsein und unser Verhalten auf eine höhere Komplexitätsebene. Deshalb ist Flow eine so wichtige Kraft in der Evolution: „Ohne ihn würde unser genetisches Programm uns veranlassen, weiterhin nach dem zu streben, was in der Vergangenheit ‚gut für uns' war" (ebd. S. 238).

Wenn wir diese acht Bedingungen für die Flußerfahrung anschauen, spüren wir, warum das Streben nach Komplexität so angenehm sein kann. Im Gipfelerlebnis ist die Belohnung gleichsam inhärent enthalten. Jede neue Herausforderung, jede neue Fertigkeit schenkt uns ein Gefühl tiefer Freude.

Um dieses angenehme Gefühl zu wiederholen, müssen wir jedoch immer neue und vielleicht auch höhere Anforderungen finden, komplexere Fähigkeiten entwickeln. So hilft eine dem Erleben von Freude innewohnende Gesetzmäßigkeit der Entwicklung von Komplexität einen weiteren Schritt voran.

Zumeist befinden wir uns in diesem Zustand, wenn wir eine im Alltagsbewußtsein verschlossene innere Quelle erfahren und erschließen. Diese Quelle kann auch unser Unbewußtes genannt werden. Sie ist der Bereich, über den wir verbunden sind mit dem universellen Netz des Wissens, der Kraft und der Heilung.

Es gibt mehrere weitere Wege, wie wir neben der fließenden Aufgabenbewältigung in diesen kreativen inneren Energieraum gelangen können, den wir Glück nennen:
1. Über die aktuelle Körperwahrnehmung, die Bewußtmachung aller Sinneskanäle, insbesondere des Atems.

2. Wenn wir unseren Körper als Gefäß empfinden (Kap. 5).
3. Durch das Loslassen der Verliebtheits-Projektion.
4. Durch Nicht-Identifiziert-sein mit unseren Gefühlen.
5. Über den Aufbau eines stabilen sozialen Netzes.
6. Wenn wir etwas Schönes oder Kraftvolles bewußt im Hier-und-Jetzt erleben.
7. Durch die Erinnerung an solche energiereichen Situationen.
8. Über eine Vorstellung, in der wir uns eine erfüllende und wache, sinnenbewußte Situation ausmalen.
9. Indem wir so tun, als ob wir glücklich wären. Die Simulation eines Gefühls kann dieses Gefühl erzeugen, und es wird dann auch wirklich mit allen körperlichen Begleiterscheinungen so erlebt und kann zu einer Veränderung unserer Lebenseinstellungen führen.
10. Über den Kontakt zu unserer Lebensvision, in der wir den Sinn unseres Lebens und einer konkreten Aufgabe entwerfen und spüren (vgl. Kap. 18).

Am tiefsten läßt sich dieser Zustand durch das gleichzeitige Erleben mehrerer dieser Faktoren erleben. Aber auch einzelne Wege können in uns Flow erzeugen.

Im Alltag können wir auf folgende Weise leicht in den Zustand des Flow oder des Moments of Excellence gelangen:

Übung „Moments of Excellence"

Erinnern Sie sich an einige Situationen in Ihrem Leben, in denen Sie viele Ihrer Fähigkeiten zur Verfügung hatten, um mit dieser Situation optimal umgehen zu können.

Wählen Sie dann eine Situation, in der Sie sich im Fluß, im Kontakt mit dem Hier-und-Jetzt, lebendig und mit wacher Aufmerksamkeit für die Gesamtsituation erlebt haben.

Vertiefen Sie Ihre Atmung ein klein wenig, nehmen Sie Ihren Körper als ein Gefäß wahr, das die Energie dieser lebendigen Situation „halten" kann, und spüren Sie die Empfindungen, die Sie in dieser ausgewählten Situation hatten, jetzt ganz konkret in Ihrem Körper.

Holen Sie alle Sinneseindrücke von dem zurück, was Sie damals gesehen, gespürt und gerochen, geschmeckt und gedacht haben. Vielleicht erinnern Sie sich auch an eine Bewegung, eine Geste, ein Gefühl.

Welcher Sinneskanal ist für diese Situation Ihr stärkster (riechen, sehen, hören, schmecken, tasten, bewegen)? Über welchen Sinneskanal kommen Sie am leichtesten in diesen Zustand? Welche Bewegung oder Körperhaltung repräsentiert in Ihrem Inneren diese Erfahrung? Suchen Sie sich eine solche Bewegung oder Geste und führen Sie sie so lange aus, bis Sie wieder in diesen inneren Zustand kommen.

Dann verkleinern Sie diese Bewegung so, daß sie nach außen kaum wahrnehmbar, aber für Sie noch deutlich spürbar ist.

Sie arbeiten jetzt quasi mit der Essenz dieser Bewegung oder Geste und aktivieren in Ihrem Körper die Erinnerungsfunktionen an diese Situation. Sie ankern diesen Vorgang damit in Ihrem Bewußtsein.

Über diese Bewegung und/oder ein Bild ankern Sie nun mehrmals diese Erfahrung, bis es zu einer Gewohnheit für Sie wird, diesen wachen Zustand des Energieflusses in Ihnen zu aktivieren.

Sie verstärken damit Ihre Wahrnehmungsintensität, Ihre persönliche Ausstrahlung und Ihren Zugang zu Ihren eigenen Quellen, insbesondere zu dem intuitiven Wissen, das wir für unsere Partnerbeziehungen dringend benötigen.

Wir können diesen Kontakt zu unserer inneren Weisheit auch in vielen anderen alltäglichen Situationen nutzen. Wir können uns von dort die Energie holen, wo wir sie im Überfluß haben, und sie dahin fließen lassen, wo wir sie im Alltag brauchen. Wir können uns Zeit lassen, daß sich unser seelischer und körperlicher Organismus an diesen neuen Zustand gewöhnt, und ihm somit Gelegenheit geben, das neue Komplexitätsniveau zu integrieren. Dabei gilt: „Komplexere Fähigkeiten werden durch komplexe Aktivitäten erworben" (Lynch 1992, 225).

Wir erfahren dabei, daß unser Unbewußtes, unsere Energiequelle für uns arbeitet und immer schon schneller Bescheid weiß als unser langsamer Verstand. Diese Kraft führt uns oftmals auf den richtigen Weg, wenn wir ihr nur den Raum zum Wirken geben.

Glück hat also wesentlich etwas mit einer konkreten, sinnvollen und erfüllbaren Aufgabe zu tun, mit Fließenlassen, mit wacher Bewußtheit, der Aktivierung verschiedener Sinneskanäle und einer wachsenden Komplexität von Denken und Verhalten.

Glücklichsein ist kein Zustand, sondern ein aktiver Prozeß von Lernen und wachsender Komplexität unseres Bewußtseins.

106

11. Delphinstrategien

Wir können unser Bewußtsein von der Wirklichkeit erweitern und lernen, zwischen verschiedenen Ebenen der Realität zu wechseln oder auch gleichzeitig in unterschiedlichen Seinsdimensionen zu leben.

Der Delphin steht symbolisch für dieses Wandern zwischen verschiedenen Ebenen des Lernens und Bewußtseins, als Symbol für sich entfaltende Bewußtseinsprozesse und für das Leben in mehreren parallelen Seinsebenen. Seit Jahrtausenden wird der Delphin als Mittler zwischen den Welten angesehen. Symbolisch steht er für die Möglichkeit unserer Transformation zu bewußtem, verantwortlichem und gemeinschaftlichem Handeln, das die Enge eines anthropozentrischen Weltbildes überwindet. Er deutet auf die geistige Dimension des Menschseins hin und verweist auf die Möglichkeit, unsere Kommunikationskanäle für unbekannte und neue Formen der Begegnung zu öffnen.

Delphine leben in verschiedenen Dimensionen des Seins. Sie sind Säugetiere und müssen atmen, das Delphinweibchen gebiert unter Wasser und muß das Baby schnell an die Wasseroberfläche bringen, damit es Luft bekommt.

Die Delphine kommunizieren mit einem höchst komplexen Sonarsystem, in dem verschiedene Wellenlängen der Informationsübermittlung genutzt werden. Sie können sich in ihrer Kommunikation auch mit entfernten Tieren verbinden und haben ein weitverzweigtes Netz von Kommunikation, das einerseits der Weitergabe von lebenswichtigen Informationen, andererseits offensichtlich der reinen Freude dient. *Sie spielen,* sind neugierig und außerordentlich kreativ.

Wenn etwas nicht funktioniert, wechseln sie ihre Strategie und probieren etwas anderes. Dabei zeigen sie große Flexibilität und finden oft originelle neue Lösungen. Sie nutzen den Schwung der Welle, um auf dieser Energie zu surfen oder um zu *springen*. Sie sind gute Einzelkämpfer und auch sehr kooperativ.

Delphine scheinen über eine Kapazität zu verfügen, die es ihnen ermöglicht, auch feinste und subtilste Informationen aufzunehmen. Sie sind enorm intelligent und lernfähig und können durch das Aussenden bestimmter Schwingungsfrequenzen kranke Tiere und auch Menschen heilen. Sie vermögen mit ihrem Sonarsystem andere Lebewesen zu „durchschauen", d.h. nach innen zu schauen, was sich unter der äußeren Schale verbirgt. So können sie z.B. auf große Entfernung wahrnehmen, ob ein Weibchen schwanger, spiel- oder paarungsbereit ist oder nicht.

Insbesondere ihre Fähigkeit, in verschiedenen Seinsdimensionen zu leben (Luft, Wasser und in sehr weit gestreuten Schwingungsbereichen von niederfrequent bis hochfrequent), war der Grund, sie zum Symbol für den Transformationsprozeß zu wählen, in dem die Menschheit in der heutigen Zeit allem Anschein nach steht.

Eine Methode, diesen Transformationsprozeß zu beschreiben und zu unterstützen, sind die sog. Delphinstrategien. Sie sind in den Bereichen des Managements und in Liebesbeziehungen bedeutsam. Ich will sie in diesem Buch auf Liebesbeziehungen beziehen. Gleichwohl sind die gleichen Prinzipien auch bei der Organisationsentwicklung und Produktion anwendbar.

Die Delphinstrategien wurden zuerst von Dudley Lynch und Paul Kordis formuliert. Sie wählen vier Tiersymbole zur Beschreibung menschlichen Verhaltens in Beziehungen, und zwar den Karpfen, den Hai, den pseudoerleuchteten Karpfen und den Delphin.

Der Karpfen wird in diesem Modell als der passive Mensch gesehen, der alles mit sich machen läßt, der sich also unterwirft, keinen Überblick hat, im trüben Gewässer herumschwimmt, keinen Erfolg hat, sich vom Schicksal benachteiligt fühlt und an den allgemeinen Mangel glaubt. Er vermeidet Verantwortung und Risiken jeder Art.

Der Hai ist sein Gegenteil. Er ist aggressiv, immer zum Angriff bereit, wittert überall seine Vorteile, nutzt aus und ist unsozial und gefährlich. Er reißt die Gewinne an sich und lebt mit ständigen Konkurrenzgefühlen. Er muß gewinnen, egal, ob andere dabei verlieren. Wenn etwas nicht funktioniert, muß er sich eben mehr anstrengen.

Als weiteres Verhaltensmuster nennen Lynch und Kordis den pseudoerleuchteten Karpfen, der seine Aggressionen leugnet, alles unter dem Gesichtspunkt von Liebe und Harmonie wahrnimmt und in allen Menschen nur das Gute sieht. Er ist der abgehobene esoterische Mensch, der seine Ideen nicht mit der Wirklichkeit in Verbindung bringt. Er zeichnet sich durch eine illusionäre Weltsicht aus und lebt mit unrealistischen Wirklichkeitsanalysen. Alles ist gut, und das große Ganze wird uns schon unterstützen.

Der Delphin steht für ein weiteres Verhaltens- und Bewußtseinsmuster. Ein Mensch, der sich delphinisches Verhalten zum Leitbild nimmt, vereinigt die vorgenannten Eigenschaften und überschreitet sie, indem er sich eine neue und komplexe Weltsicht aneignet, die

➤ von Mangel und Überfluß,
➤ von Gewinnen und Gefahr,
➤ von Polarität und Einheit,
➤ von Solidarität und Kampfesnotwendigkeit und
➤ von Komplexität und Eleganz der Lösungen ausgeht.

Dieses Modell von Verhaltensmustern ist vergleichbar mit den Bildern der Transaktionsanalyse: Opfer, Verfolger, Retter und Gewinner. Diese Reaktionsweisen können sich gegenseitig bedingen, so daß es in einer Beziehung zu einem Drama-Dreieck kommen kann. Spielst du den Verfolger, werde ich zum Opfer, dann wirst du zum Retter, dann werde ich zum Verfolger. Die einzige Möglichkeit, dies zu überwinden, ist, aus dem Spiel auszusteigen, den Prozeß zu unterbrechen und zu beschreiben.

Im heutigen Informationszeitalter, in dem die Entwicklung sich um ein Vielfaches beschleunigt hat und sich voraussichtlich weiter beschleunigt, können wir der Komplexität der neuen Anforderungen nur gerecht werden, wenn wir lernen, uns in verschiedenen Seinsdimensionen zu bewegen und zu kommunizieren.

Daß der Mensch über diese verschiedenen Seinsweisen verfügt, wissen die Weisen seit Jahrtausenden. Es ist jedoch noch nie so sehr ins breite Bewußtsein getreten wie in unserer Zeit, und es war noch nie so sehr für das Überleben unseres Planeten Erde von Bedeutung, daß wir in großer Zahl unser Bewußtsein von ich-orientierten Beschränkungen befreien und uns aufmachen, ein Bewußtsein von der Vernetzung der Welt zu entwickeln und uns als Teil des Ganzen zu begreifen.

Nach einer langen Zeit der langsamen Entwicklungen beschleunigt sich auch unser seelischer und emotionaler Prozeß immer mehr (vgl. Russell 1994). Dies hat auch Konsequenzen für unsere Vorstellungen von Paarbeziehungen und für unsere Konzeptionen vom Menschen und dessen Veränderungsmöglichkeiten.

Nun geschehen körperliche, emotionale und geistige Veränderungsprozesse langsam. Ab einem bestimmten Niveau der Verdichtung von Prozessen verläuft die Entwicklung jedoch in Sprüngen.

Die Entwicklung in vielen Lebensbereichen geht heute so schnell, daß über ein kontinuierliches Nachvollziehen der einzelnen Schritte eine Veränderung immer zu spät kommt. Wir brauchen heute neue Modelle für diesen „chaotischen Prozeß", wir können die implizite Ordnung im Chaos nur noch erahnen und meist erst im Nachhinein verstehen.

Insbesondere in Organisationen, Unternehmen und anderen größeren Systemen geht die Veränderung so schnell vonstatten, daß das Reagieren mit den traditionellen Strategien viel zu schwerfällig geworden ist und zu einem Kollaps des Systems der Organisation führen muß, da es den Anforderungen der Außenwelt nicht mehr gewachsen ist.

Dies trifft auch für private Liebesbeziehungen zu. Für beides ist das Bild der Welle hilfreich. Jeder Lebensbereich hat eine spezifische, ihm eigentümliche Entwicklungswelle. Jede Beziehung hat, bezogen auf ihre Dynamiken, Themen und Energien, verschiedene wellenförmige Entwicklungsphasen.

Um die Prozesse in diesen Wellen zu verstehen, muß ich mir die Dynamik der Welle anschauen. Wann hat sie ihren Anfang (Wellental), wann sind wir in der Wachstumsphase? Aber Vorsicht – irgendwann haben wir den Wellenkamm erreicht (vgl. Kap 5, „Die obere Grenze von Glück"), und dann geht es abwärts in die Phasen der Sättigung und des Niedergangs. Wenn wir erst dann mit neuem Verhalten reagieren, kann es schon zu spät sein. Dann müssen wir vor dem nächsten Aufschwung durch ein langes, tiefes, kraftraubendes Tal.

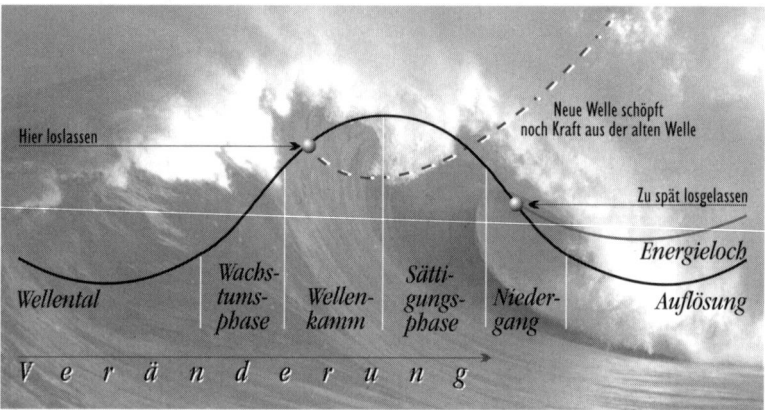

Es ist wichtig, *vor* dem Wellenkamm neue Strategien zu überlegen, dann, wenn die Liebesenergie noch da ist und die Beteiligten hochmotiviert sind. *Dann* sollten wir uns mit zukünftigen Entwicklungsmöglichkeiten beschäftigen und somit neue Wellen schaffen.

Vertrautes schon in Frage zu stellen, bevor es den Höhepunkt erreicht hat, ist meist nicht leicht. Wenn wir jedoch erst springen, wenn die Welle schon fast ihre Energie verloren hat, wird es problematischer, als wenn wir die Energie der Welle reiten. Bezogen auf Liebesbeziehungen heißt dies, daß die Übungen in diesem Buch gerade dann besonders hilfreich sind, wenn es einem Paar gut miteinander geht, die Energie fließt und sie auf der Welle reiten können. Es geht darum, rechtzeitig an Erneuerungen zu arbeiten. Ist die Krise schon da, können manche Übungen den Konflikt eher verstärken, und es kann wichtig sein, sich gegenseitig in Ruhe zu lassen, damit eine Regeneration für eine neue Welle möglich wird.

Auf dem Delphinweg suchen wir nicht nur *eine* Antwort, sondern erlauben uns viele Antworten auf unsere Lebens- und Beziehungsthemen. Für diesen Schritt brauchen wir den Mut, vom Vertrauten zum Nichtvertrauten zu springen.

Wir verändern unsere Weltsicht von dem, was wir zu wissen glaubten, zu dem, was wir vermuten und ahnen. Wir ergänzen unseren Verstand durch die Bewußtseinsdimension der Intuition. Damit haben wir eine größere Chance, von einem Bildausschnitt zu einem Gesamtbild zu kommen. Wir erarbeiten wenige und flexible Grenzen und stellen das, was wir wollen, in den Vordergrund, während uns früher das dominiert hatte, was wir nicht wollten.

Das Unbekannte zu riskieren heißt dabei, für einige Zeit das Risiko einzugehen und die Spannung auszuhalten, noch nichts zu wissen, sondern geduldig zu schauen, bis die Wahrnehmung deutlich und klar wird.

Mit wachsender Komplexität unseres Bewußtseins bei gleichzeitigem Loslassen altbekannter Verhaltensmuster entsteht in der jeweiligen Übergangsphase zu einem neuen Lernniveau auch ein höheres Maß an Streß. Dieser Streß ist im günstigen Fall positiver Streß, sog. Eustreß, da die Belohnung für erweiterte Komplexität oftmals auf dem Fuße folgt und wir lernen können, gerade daran Genuß zu finden, daß wir mehr und schneller Informationen aufnehmen können, ohne eine altbekannte Gewißheit zu benötigen.

Für diesen Prozeß, der als eine Art Quantensprung des bisherigen persönlichen Systems angesehen werden kann, braucht es eine deutliche Zufuhr an Energie. Das System Mensch muß sozusagen in stärkere Schwingungen versetzt werden. Wie diese erhöhte Energie zugeführt werden kann, wird in den nächsten Abschnitten gezeigt werden.

Ein ganzer Kanon von neuen Lernzielen und Werten wird dabei entstehen. Wir können den Weg zu diesem neuen Bewußtsein dadurch erleichtern, daß wir uns in unseren Teams, in unseren Beziehungen, in unseren Gruppen mit der Vorbereitung auf die neuen Möglichkeiten beschäftigen. Es ist ein Geheimnis von Entwicklung, daß sie meist schon aufgrund einer Energiefokussierung, einer Ausrichtung der inneren Haltung auf ein Ziel hin in Bewegung gesetzt werden kann. Die Kräfte, die diese Bewegung auslösen, nennt die Chaosforschung Attraktoren, und wir können spüren, daß es diese Kräfte tatsächlich gibt. Durch die Beschäftigung mit Möglichkeiten werden diese lebendiger, sie helfen uns auf einen Weg. Wir können dieses Phänomen auch mit Rupert Sheldrakes morphogenetischen Feldern erläutern, die als eine Formbildungsursache etwas in die Realität treten lassen, was vorher nur als energetische Möglichkeit vorhanden war.

Dem geistigen Entwurf des Möglichen steht unsere Furcht vor Veränderung entgegen. Nur ein stark gestörter Mensch empfindet keine Furcht vor einer tiefgreifenden Veränderung. Jede Veränderung bringt uns in Kontakt mit sehr tiefsitzenden Ängsten, mit den Schattenseiten der Entwicklungschancen. Meist basieren diese Ängste auf der Furcht vor dem Tod. In unserem Inneren verbindet unser Ego jede Veränderung mit der Todesangst, weil es fürchtet, daß eine Veränderung seiner Ansichten und Tätigkeiten eine Bedrohung der Persönlichkeit und seiner Existenz nach sich zieht.

Wenn wir uns jedoch dieser Furcht vor dem Loslassen stellen, erfahren wir viererlei:

➤ Wir fürchten, daß wir von den uns nahestehenden Menschen verlassen werden, wenn wir uns ändern. Dies ist die Trennungsangst.

➤ Wir fürchten, nichts mehr zu können, nichts mehr zu bedeuten, wenn wir das aufgeben, was wir bisher gelernt, gewußt, gekonnt haben. Dies ist die Kompetenzverlustangst.

➤ Wir fürchten zu versagen, wenn wir etwas Neues versuchen. Dies ist die Versagensangst.

➤ Wir fürchten zu sterben, wenn wir unsere Sichtweise von der Welt ändern. Unsere Persönlichkeit scheint sich für Momente aufzulösen. Dies ist Existenz- oder Todesangst. (Vgl. Lynch 1992, 263)

Übung „Veränderungsfurcht"

Um mit unserer Veränderungsfurcht umgehen zu lernen, können wir uns fragen:
➤ Worin liegt das größere Risiko: in der Bewegung oder im Nichtstun?
➤ Was kann mir schlimmstenfalls passieren, wenn ich mich bewege und die Vergangenheit loslasse?
➤ Bin ich bereit, den Genuß zu spüren, wenn diese Entwicklung beginnt und gelingt?

Eine weitere wichtige Öffnung unserer Persönlichkeit liegt in der neuen Erfahrung, die möglich wird, wenn wir lernen, Paradoxien in ihrer Kraft zu bejahen und Vieldeutigkeit zu tolerieren. Uns wurde eingeschärft, daß unsere Weltsicht widerspruchsfrei sein soll, daß unser Denken logisch aufgebaut sein soll und daß wir aus geradlinigen Zielen heraus leben sollten. So versuchen wir auch, unsere Beziehungen widerspruchsfrei zu gestalten, versuchen vergeblich, Eindeutigkeiten herzustellen in einer Welt, die täglich an Komplexität und Vieldeutigkeit zunimmt.

Folglich kann es auch nicht darum gehen, bestimmten Eigenschaften und umschriebenen Fähigkeiten und Hirndominanzen den Vorzug zu geben. Sondern Wachstum zeichnet sich heute durch Flexibilität im Einsatz unserer verschiedenen Sinnes- und Gehirnbereiche aus.

Eine weitere Möglichkeit, die Hülle, in der wir leben, zu erweitern, liegt im bewußten Bemühen um Synergien. Wie kann ich wachstumsorientiert mit Menschen kooperieren, und wie können wir unsere Energien zusammenführen? Es zeigt sich immer mehr, daß Konkurrenz kein zeitgemäßes Verhalten mehr ist, da es uns zunehmend davon abschneidet, die Ressourcen unserer Kooperation zu nutzen, um der Komplexität der Wandlungs- und Wirkungszusammenhänge gewachsen zu sein.

Wir können lernen, die Entwicklung, die gerade ansteht, rechtzeitig zu erspüren, sie als Welle zu begreifen und uns schon vor der notwendigen Veränderung zum Aufbruch bereitzumachen. Indem wir unsere Kraft mit der von anderen und der Kraft der Welle verbinden und somit den Synergie-Effekt nutzen und genießen, können wir lernen, auf der Welle zu reiten und die Kraft der Welle zu vervielfachen. Wir können erfahren, daß es möglich ist, in einer größeren Anzahl von Wellen zu leben, einen erweiterten Zeithorizont anzustreben und die Fülle zu wählen.

Wählen wir ferner den Delphin als Vorbild für Eleganz und Effektivität und übernehmen wir Verantwortung für unsere Gefühle, wird es möglich sein, unsere Beziehungen in lustvolle Schwingungen zu versetzen, d.h., sie in Fluß zu bringen in Richtung auf Freude, Erfüllung und Glück.

Der Ansatz der Delphinstrategien geht davon aus, daß durch Optimierung von Sozialverhalten allein die Herausforderungen des Lebens nicht bewältigt werden können, daß Heilung nicht das einzige Thema der Arbeit mit Menschen sein darf und daß wir manchmal aus der Naivität einer nur an das Gute glaubenden Haltung aussteigen und der Realität ins Auge schauen müssen, daß die Welt auch Haie beherbergt und diese oftmals gefährlich sind.

Die abgeschottete Welt der Therapie individueller Probleme wird zunehmend abgelöst von einer systemischen Sicht der Zusammenhänge.

Wir können lernen, in unseren Beziehungen die Grenzen gedanklich zu überschreiten, indem wir uns öfter einmal fragen: „Was wäre, wenn ...?" Wir können unsere Beziehungen in positiver Weise durcheinanderbringen, indem wir paradoxes und abweichendes Denken üben, z.B. indem wir sammeln, was an einem scheinbaren Problem alles positiv, interessant, lustig und chancenreich ist. Wir können damit spielen, das „Problem" in einen völlig anderen Zusammenhang zu setzen. Zum Beispiel, was würde passieren, wenn diese Angelegenheit in einer Horde Bären, in einem Schwarm Delphine oder in einem Kindergarten auftauchen würde?

Weitere Merkmale des Delphinbewußtseins sind:
➤ Es ist beharrlich und zugleich flexibel,
➤ es handelt situationsangemessen,
➤ es schaut in die Zukunft und entwirft sie ständig neu,
➤ es sagt sich selbst und anderen die Wahrheit,
➤ es nutzt die Kraft des Flusses und der Ungewißheit,
➤ es nutzt die Kraft des Neuen und der Ordnung,
➤ es koppelt das Ego von Fehlern und Erfolg ab,
➤ es vermeidet Schuldzuweisungen,

➤ es schafft Wahlmöglichkeiten durch Vielfalt der Sichtweisen,
➤ es akzeptiert, daß es Dinge gibt, über die es keine Kontrolle hat, ist also bescheiden und demütig,
➤ es ist für Überraschungen offen,
➤ es versteht, daß die Welt mehr ist, als was wir unter unserer Alltagsperspektive wahrnehmen,
➤ es schätzt Raupen, das langsame Vorankommen Schritt für Schritt,
➤ es erlaubt Phasen der Verpuppung, der Ungewißheit und Vagheit,
➤ es bewundert Schmetterlinge, die sich transformiert haben und sich frei dem Schönen und Nährenden zuwenden können.

Es ist eine mögliche Verhaltensunterstützung, wenn wir uns innerlich von unseren Delphinqualitäten leiten lassen. Auch in unseren Liebesbeziehungen ist es denkbar und erlaubt, folgende Delphinstrategien einzusetzen:

Übung „Delphinstrategien"

Während Sie atmen und sich entspannen, können Sie eine freundliche, sich selbst zugewandte innere Haltung einnehmen und sich vorstellen, wie Sie folgende Delphinqualitäten in sich entwickelt haben:

➤ Ich überprüfe meine Denkmuster, wenn ich vor einem scheinbar unlösbaren Problem stehe.

➤ Ich spüre meine Angst vor Veränderungen, schaue sie an und lasse sie los.

➤ Ich akzeptiere Chaos und paradoxe Situationen in Zeiten des Wandels.

➤ Ich bin frei, Kompromisse einzugehen, aber auch klare Grenzen zu setzen und sogar Vergeltung zu üben.

➤ Ich ändere meine Strategie, wenn etwas nicht funktioniert.

➤ Ich male mir aus, wie ein Unbeteiligter mein „Problem" sehen würde.

➤ Ich spiele mit den Grenzen und orientiere mich an den Chancen.

Die Begrenzungen unserer Entwicklung legen wir uns größtenteils selbst auf. Um mehr Wahlmöglichkeiten zu schaffen, müssen wir unsere einschränkenden Glaubenssätze ändern. Mit der folgenden Übung können wir erkennen, was sich schon geändert hat und was sich noch ändern kann:

Übung „Abschied von der Selbstbegrenzung"

Denken Sie an Ihre Kindheit und Ihr Teenageralter und vervollständigen Sie auf einem Blatt Papier jede der folgenden Aussagen:
„Ich habe geglaubt, ich könnte nicht ..., aber jetzt glaube ich, daß ...
Ich dachte, ich sei ..., aber jetzt weiß ich, daß ich ...
Ich dachte, ich sollte immer ..., aber jetzt weiß ich, daß es in Ordnung ist, wenn ich ...
Meine größte Angst war ..., aber jetzt fühle ich ..."
(Lynch 1992, 289 ff).

Veränderungen sind jedoch nicht immer positiv. Wenn der Unterschied zum jetzigen Energieniveau zu groß oder die Zeit noch nicht reif dafür ist, kann das gesamte System zusammenbrechen. Deswegen ist es nötig, kleine Schritte, Ruhephasen mit Sprüngen einzulegen, damit sich das System an das jeweilige Erregungsniveau gewöhnen und auch wieder ausruhen kann.

Das Delphinbewußtsein ist eine Wachheit, die meist auf verschiedenen Ebenen gleichzeitig existiert. Dies macht es für zwischenmenschliche Beziehungen so fruchtbar, weil wir dadurch unsere Beziehungen erfüllter leben können. Es geht darum, jene feine Spannung auszuhalten zwischen „Ich bin ganz im Jetzt und Hier mit dir im Kontakt" *und* „Ich trete aus der Situation heraus und nehme wahr, was hier geschieht".

Dies zieht eine erhöhte Spontaneität nach sich. Wir werden dadurch in einem verstärkten Maße echt und wahrhaftig, weil wir uns frei entscheiden können, was wir in dieser Situation leben wollen. In der delphinischen Qualität sind wir dadurch in der Gegenwart, daß wir *spielen*, völlig eintauchen und den Sprung aus dem alten System in eine neue Dimension genießen.

12. Ganzheitliches Wahrnehmen

> Die Transparenz des Wesens
> wird von der „Ganzhirnigkeit" begleitet sein.
> – *Graf Dürckheim*

Die Konzeption der Ganzhirnigkeit ist ein Bild, eine Metapher, die wir der Einseitigkeit der Weltorientierungen (z.B. rational vs. emotional) gegenüberstellen. Die beiden Hirnhälften sind immer schon miteinander verbunden, meist ist das gesamte Gehirn aktiv. Es geht im Bild vom ganzen Gehirn nur um eine intensivere Verbindung der einzelnen Nervenbahnen und Bereiche im Gesamtorganismus.

Es gibt zahlreiche Methoden, die Kraft unseres Wesens über die Entwicklung unserer Ganzhirnigkeit zu entfalten. Dabei ist die Aktivität einer größeren Anzahl von aktiven Neuronen nicht die Ursache höherer Komplexität des Erlebens, sondern kann lediglich damit in Verbindung gebracht werden.

Im wesentlichen geht es bei den verschiedenen Methoden, unser Potential zu entfalten, darum, den gesamten Körper als Kanal zu benutzen, und zwar entweder über die Bewegung, den Atem oder über die Verbindung von beidem. Das gesamte Gehirn aktivieren können wir auch, indem wir Symbolkräfte nutzen, ungewohnte Lösungen anstreben und verrückte Phantasien zulassen.

In seinem Buch *Körpereigene Drogen. Die ungenutzten Fähigkeiten unseres Gehirns* beschreibt Josef Zehentbauer die zahlreichen Auswirkungen von körpereigenen Botenstoffen auf die Funktionsfähigkeit unseres Gehirns und damit auf die Transformationsmöglichkeiten unseres Lebens.

Es ist die Frage, ob diese Substanzen durch Körperübungen aktiviert werden können und ob damit ein erweitertes Komplexitätsbewußtsein erreicht werden kann, also ob Körperarbeit kausal zur Ausschüttung von Neurotransmittern und diese zu mehr Bewußtheit führt. Eine solche lineare Kausalität zu postulieren ist sicher problematisch. Eher ist anzunehmen, daß Körperübungen als Bewußtseinsform das Bewußtsein formen. Dabei wird man chemische Reaktionen beobachten können. So gesehen blicken wir auf das Eine aus verschiedenen Fenstern und verzichten auf die Festlegung von Ursache-Wirkungs-Beziehungen.

Da Körperarbeit als Formgebung das Bewußtsein formt, ist die Arbeit auf der Körperebene eine wesentliche Grundlage für das Erreichen eines Delphinbewußtseins.

Zur Entwicklung kreativer Ganzhirnigkeit ist der körperliche Ausdruck wesentlicher Gefühle und anderer Kontaktfunktionen wichtig.

Das Öffnen der Arme und Hände kann z.B. Geben und Nehmen stimulieren. Geradliniges Gehen aus der Beckenkraft kann Entschlußkraft fördern. Ausstrecken der Arme bis in die Fingerspitzen kann Richtungsorientierung und Willenskraft unterstützen.

Die Übungen des Tai-Chi, Qi Gong, des Aikido und Yoga können geistig-körperliche Koordinationsfunktionen trainieren.

Der Körper ist unsere Sende- und Empfangsstation, er verarbeitet alle Informationen, die wir benötigen. Ohne die Sinne, ohne die Nervenbahnen, ohne eine vitale Körperenergie und Offenheit für die Verknüpfung von Informationen (und nichts anderes ist kreatives Denken und Handeln) kann es nicht wirklich zu neuartigen Lösungen kommen. Wir trainieren unseren Körper nicht nur, um fit zu bleiben, sondern auch und vor allem deswegen, um durch die Bewegung und den verstärkten Atem im Körper die für die Nervenverbindungen notwendigen Botenstoffe auszuschütten, damit innovatives Denken und Erleben überhaupt möglich wird. Beim Sport, in der Entspannung und in der Trance kommen die besten Ideen.

Weitere wesentliche Techniken zur Entwicklung der Ganzhirnigkeit werden von Ned Herrmann vorgestellt. In seinem Buch *Kreativität und Kompetenz* zeigt er Möglichkeiten, die Einseitigkeiten unserer

Weltorientierung zu erkennen und durch gezieltes Training aufzulösen:

Übung „Wahrnehmungsmuster"

Beantworten Sie bitte folgende Fragen schriftlich (zuerst jeder Partner für sich), bevor Sie Ihre Antworten austauschen:
A) Was schätze ich an meinen logischen, analytischen, rationalen Anteilen?
B) Was schätze ich an meinen planerischen, organisatorischen Fähigkeiten?
C) Was schätze ich an meinen emotionalen, zwischenmenschlichen, fühlenden Qualitäten?
D) Was schätze ich an meinen einsichtsvollen, kreativen und phantasievollen Möglichkeiten?

Nun beantworten Sie diese vier Fragen auch für Ihren Partner/Ihre Partnerin:
A) Was schätze ich an den logischen, analytischen, rationalen Anteilen meines Partners? Usw. ...

Betrachten Sie nun die Unterschiede zwischen Ihren Eigenschaften und denen Ihres Partners und überlegen Sie:
1. Wie kann ich ihn achten und respektieren für das, was er oder sie bereits hat?
2. Wie kann ich ihm oder ihr mit meinen Fähigkeiten helfen?
3. Wie kann ich meinem Gegenüber Wege aufzeigen, meine Fähigkeiten zu lernen?
4. Welche Möglichkeiten positiver Synergie zwischen uns bestehen, das heißt, wie können sich unsere unterschiedlichen Eigenschaften gegenseitig positiv unterstützen?

Diese Übung dient vor allem der Analyse von Verständigungsschwierigkeiten bei Paaren und Gruppen und deren Auflösung durch Bewußtmachung dieser Strukturen. Oftmals können wir dramatische Verbesserungen der Kommunikation beobachten. Wenn wir lernen, Unterschiede in der Weise, wie wir die Welt wahrnehmen und mit ihr umgehen, zu nutzen, statt über sie zu streiten, können wir eher eine kreative, unterstützende Partnerschaft bilden.

Auf das Gegenüber zu blicken kann in verschiedenen Formen geschehen. Zuerst kann ich mir bewußt werden, *wie* ich in die Welt schaue, *wie* ich mit meinen Augen die Welt sehe.

Eine Art des Sehens ist das Wahrnehmen von Formen und äußeren Umrissen. „Die so erhaltenen Informationen werden dem visuellen Gedächtniszentrum unseres Gehirns übermittelt und dort mit allen Formen und Umrissen ähnlicher Art, die aus vergangenen Erfahrungen dort gespeichert sind, verglichen. Sobald der Umriß im Groben identifiziert ist, wird die passende Bezeichnung dafür gesucht, und damit ist der gesamte Vorgang des Sehens abgeschlossen" (Selby 1993, 87). Die Wahrnehmung wird dann kategorisiert, bewertet, und wir wenden uns zu oder ab. Dieses Sehen hat eine beurteilende Funktion. „Anstatt die Gegenwart eines einzigartigen menschlichen Wesens zu erleben, verlieren wir uns augenblicklich in unseren eigenen Gedankenbildern, Erinnerungen und Zukunftsprojektionen" (Selby 1993, 88). Diese Art des Sehens trennt uns von der Gegenwart. Das Wesen eines Menschen können wir auf diese Weise nicht erfahren.

Ebenso verpasse ich mein Gegenüber, wenn meine Gefühle die Wahrnehmung trüben. Habe ich z.B. Angst, anderen Menschen klar und direkt in die Augen zu sehen? Damit reduziere ich meine Möglichkeiten, den Menschen zu finden, den ich suche. Auch wenn ich ihn gefunden habe, schränke ich durch unklares, angstvolles Wegschauen die Kontaktfülle ein.

Durch bewußte Wahrnehmung können wir üben, uns für die Wahrnehmung eines anderen Menschen zu öffnen, entspannt den Blick des Gegenübers auszuhalten, ihm standzuhalten und wirklich hinzuschauen. Dies ist zwar in unserer Gesellschaft ein Tabu, es lohnt sich jedoch, diese Verbotsschranke zu überspringen und sein Interesse zu bekunden. Wir schulen und leben dabei unsere Standfestigkeit und entwickeln ein Gefühl von persönlicher Stärke. So schaffen wir eine Voraussetzung für einen stimmigen Kontakt.

Dieser „wache Blick" kann durch Körperübungen unterstützt werden. Dabei sind ein fester Stand auf dem Boden, eine bewußt wahrgenommene Atmung und Lust an der körperlichen Beweglichkeit hilfreich. Insbesondere die Angewohnheit, im Inneren, im Bauch oder im Zwerchfell ein zartes Lächeln entstehen zu lassen, wirkt hier Wunder.

Ein entspannteres Sehen als das Wahrnehmen von Formen und das direkte Schauen mit dem „wachen Blick" ist das Sehen von Farben. Die Qualität des Gesehenen beginnt uns zu erreichen.

Tiefer in die Wirklichkeit tauchen wir jedoch erst ein, wenn wir die Wahrnehmung von Raum zulassen und durch den sogenannten „weichen Blick" alles gleichzeitig sehen. Im „weichen Blick" ist die Weltsicht rezeptiv, wir nehmen das ganze Gesichtsfeld in Form von Energien und Bewegungen wahr. Wir lassen einfach das Licht in unsere Augen fallen. Die alltägliche starke Unterscheidung von Figur und Hintergrund ist nicht so stark ausgeprägt. Wir üben den weichen Blick, weil er einen veränderten Bewußtseinszustand mit sich bringt, den wir als angenehm empfinden können und der uns tiefere Einsichten in das Wahrgenommene ermöglicht.

Übungen „Der weiche Blick"

Wieder ist es wichtig, daß Sie sich Zeit lassen, Ihren Atem entspannt wahrnehmen und so viel Aufmerksamkeit in Ihren Bauch, Ihre Schulter und Ihren Nacken schicken, daß Sie sich entspannen können. Mit angespanntem Nacken ist der weiche Blick nicht möglich. Lassen Sie die Welt einfach herein, greifen Sie nicht nach draußen, sondern lassen Sie sich beschenken und überraschen. Die innere Haltung könnte wie ein Kontaktnehmen mit der Unendlichkeit sein. Stellen Sie Ihren Blick auf unendlich ein. Betrachten Sie alle Bewegungen und Ahnungen als integralen Bestandteil des ganzen Feldes, der mit allem übrigen in einer Beziehung steht.

Sie können nun damit beginnen, Ihr Gegenüber nicht als abgegrenztes Objekt, sondern als Teil des gesamten visuellen Erlebens wahrzunehmen. Sie empfinden dann sehr bald mehr räumliche Tiefe und nehmen mehr von der Atmosphäre des Raumes auf.

Es ist dabei hilfreich, sich Ihrer eigenen Gegenwart über den Atem bewußt zu werden und dann den Raum zwischen Ihnen und dem Gegenüber wahrzunehmen oder Ihren Blick auf einen Gegenstand vor diesem Menschen zu richten. Sie gleiten damit in ein Spüren des Gegenübers, Sie nehmen seine oder ihre Atmosphäre wahr.

Eine weitere Möglichkeit des weichen Blicks ist: Sie halten beide Zeigefinger vor Ihre Augen, schauen auf Ihre beiden Zeigefinger gleichzeitig und führen sie dann langsam auseinander, bis sie am Rande Ihres Blickfeldes gerade noch zu sehen sind.

Dadurch defokussieren Sie Ihren Blick und erreichen augenblicklich eine ganzheitliche Raumwahrnehmung. Sie haben das vielleicht schon einmal bei Sportlern beobachtet, die, ohne genau hinzuschauen, exakt die Bewegungen von Mitspielern und Ball „spüren". Dies gelingt ihnen mit dem „weichen Blick".

Wir hören dann auf zu kategorisieren, zu beurteilen und kommen in einen Zustand der seelischen Ausgeglichenheit. Diese veränderte Wahrnehmung befähigt uns Menschen, uns tiefer zu erfahren, die Präsenz des anderen und den direkten Kontakt zu spüren, um den es uns letztlich geht.

Der „weiche Blick" bringt uns in Kontakt mit dem unmittelbaren Gewahrsein und unserer Intuition. Mit intuitivem Wissen ist eine andere Erlebensqualität verbunden als mit Gefühlen, Gedanken und

Projektionen. Da wird der Atem bewußt, da entsteht eine innere Ruhe, Stille – da ist dann für kleine Momente das Begehren nicht mehr da, es entsteht so etwas wie ein Bewußtsein der Wirbelsäule, und das bedeutet ein Bewußtsein von eigener innerer Würde oder Kontaktaufnehmen mit der „inneren Königin", dem „inneren König".

In diesem Zustand gibt es so etwas wie ein Gefühl von Klarheit, Wachheit und auch – für Momente – von Bedürfnislosigkeit. Wir fühlen uns autonom und bei uns. Damit verbunden ist meist eine Transparenz des Ausdrucks: Es wird nicht mehr getan als ob, es wird nicht verführt, nicht versucht zu manipulieren, sondern es ist ein Einverstandensein mit dem, was ist.

Dabei kann das Wunderbare geschehen, daß ich das Gegenüber annehmen und liebevoll sehen kann, obwohl ich es ganz klar auch in seinen Schattenaspekten wahrnehme. Und plötzlich erfahre ich in mir ein berührendes Erkennen, wer mir da seinem Wesen nach in meinem Gegenüber begegnet.

13. Ich bin mehr als meine Gefühle

Auf unserem Weg zu einer erfüllenden Partnerschaft ist es zunächst sinnvoll zu lernen, sich vollständig mit den eigenen Gefühlen zu identifizieren: „Ich bin so stockwütend", „Ich bin so traurig", „Ich bin so verzweifelt", „Ich bin so glücklich."

Es ist für unser Wachstum, unsere Zufriedenheit und Gesundheit absolut notwendig, daß wir die Gefühle, die in uns sind, wirklich so annehmen, wie sie sind, daß sie voll da sein dürfen und sich ausdrücken können. „Ich bin diese Trauer, und ich bin jetzt nichts anderes als diese Verzweiflung, diese Trauer." Ganz und gar das Gefühl zu sein ist eine wichtige Phase im Wachstumsprozeß.

Nur wenn wir dabei stehenbleiben, bleiben wir das Opfer unserer Gefühle. Um es noch einmal zu betonen: Um sich auf eine gesunde Weise aus der Abhängigkeit von den Gefühlen zu lösen, bedarf es vorher einer ausgiebigen Phase des intensiven Lebens in den Gefühlen. In meinem Buch *Der Liebe einen Sinn geben* habe ich hierzu zahlreiche Übungen beschrieben.

Der erste Schritt aus der Abhängigkeit von unseren Gefühlen ist die Erinnerung an die Ambivalenz von Gefühlen. Wir können üben, uns jeweils auch das Gegenteil, das polar dazugehörige Gefühl bewußtzumachen, und dabei erfahren, daß es sich immer in uns finden läßt, wenn wir nur tief genug spüren. So können wir möglicherweise spüren:

➤ im Ekel die Lust,
➤ in der Angst die Wut,
➤ in der Trauer den Zorn,

➤ im Haß das Besitzenwollen,
➤ in der Ablehnung eine Sehnsucht,

um nur einige Beispiele zu nennen. Diese Polaritäten können bei jedem Menschen und in jeder Situation anders ausgeprägt sein, eine Ambivalenz ist jedoch immer zu finden. Diese Zweigesichtigkeit von Gefühlen aushalten zu lernen ist wesentlich und gibt uns die Möglichkeit, von einem dritten Platz aus diese Spannung wahrzunehmen und gleichsam wie vom Nullpunkt einer Waage, von der Warte einer Indifferenz aus zu balancieren. Ambivalenzen auszuhalten ist die Basis von Transformation und innerer Freiheit.

Der nächste Schritt kann vielleicht erst längere Zeit nach diesem ersten möglich und wichtig werden. Wir können erkennen: Ich bin mehr als meine Gefühle. Eine hilfreiche Meditation auf diesem Weg ist folgende:

Übung „Hinter den Namen spüren"

1. Lassen Sie sich Zeit, eine Empfindung in Ihrem Körper, ein Bild, eine Phantasie oder ein Gefühl wahrzunehmen. Diese Ihre Wahrnehmung will beachtet, vom Atem begleitet, erlaubt, eingeladen und durch Aufmerksamkeit gewürdigt werden.
2. Geben Sie dieser Empfindung einen Namen, sei es „Schmerz" oder „Freude," „Trauer", „Dankbarkeit" oder was immer. Lassen Sie sich Zeit, bis eine eindeutige Benennung möglich wird. Sprechen Sie diesen Namen deutlich aus.
3. Lassen Sie diese Benennung wieder los.
4. Spüren Sie hinter den Namen, nehmen Sie Kontakt auf mit der hinter dieser Empfindung liegenden Energie, mit dem, was durchscheint durch das, was gerade eben zu empfinden war. So gelangen Sie auf eine tiefere Ebene der Wahrnehmung jenseits der Benennung und Begriffe.

Der Übergang von der Abhängigkeit von den Gefühlen auf die Ebene der Präsenz drückt sich in Sätzen aus wie:
➤ „Ich bin traurig, und ich bin mehr als diese Trauer."
➤ „Ich bin wütend, und ich bin mehr als diese Wut."

Wir hören auf, uns mit unseren Gefühlen zu identifizieren. Wir können dabei die Erfahrung machen, daß es zwei Formen von Befriedigung gibt: die Erfüllung oder das Loslassen des Wunsches. Wir können spüren, daß das Loslassen der Wünsche, Begierden und Gefühle lustbetont sein kann und uns in die Freiheit führt.

Es ist wie die Stille im Zentrum des Orkans. Es ist die wache Anwesenheit und gleichzeitig eine stille Gelöstheit von den Eruptionen und Schwankungen der Gefühle. Wir spüren in diesem Zustand unsere Wirbelsäule, unsere Würde und Autonomie. So kommen wir in die Lage, wirklich in der Tiefe zu ahnen, wie wir uns und unsere Partner glücklich machen können.

Neben der Übung „Gefühlsparcour", die in meinem Buch *Der Liebe einen Sinn geben* beschrieben ist, eignet sich folgende Übung dazu, zu lernen, sich nicht von den Gefühlen dominieren zu lassen. Machen Sie sich bitte bewußt, daß die folgende Übung nur sehr langsam gesteigert werden sollte und daß es hierzu viel Vorbereitung und Erfahrung bedarf. Es ist gut, wenn zu Beginn des Übens eine weitere Person anwesend ist, die Sie in Ihrem Prozeß unterstützen und begleiten kann und als Zeuge die Kraft der Stille und des Abstands herbeiholen kann.

Übung „Die Gefühle beobachten"

Entspannen Sie sich in aufrechter Haltung, Sie können sich bequem an eine Stuhllehne oder Wand anlehnen. Atmen Sie ruhig und bewußt ein und aus. Ganz langsam und vorsichtig vertiefen Sie Ihre Atmung, ohne die Kontrolle über den Prozeß zu verlieren.

Nun im nächsten Schritt führen Sie sich vermehrt Energie zu: Atmen Sie noch tiefer, doch atmen Sie nur so tief, wie Sie wach anwesend bleiben können, ohne in heftige Gefühle oder Körperreaktionen zu gehen. Sobald Sie merken, daß Sie die wache Aufmerksamkeit verlieren und daß Ihre Gefühle und Körperempfindungen so stark werden, daß Sie nicht mehr still und bewußt bleiben können, atmen Sie etwas weniger tief, um ganz wach in der Gegenwart und Stille bleiben zu können.

Sie können lernen, nur so tief zu atmen, daß Sie nicht von den Gefühlen überwältigt werden, und doch tief genug zu atmen, um sich die Energie zuzuführen, die Sie für diesen außergewöhnlichen Bewußtseinszustand benötigen.

Diese Übung ist eine wichtige Vorbereitung auf die Meditationen in Kap. 19 und bereitet den Weg für den Sprung in die Erfüllung: das Loslassen des Dramas.

14. Loslassen des Dramas

Wenn ich am Lebensdrama festhalten will und auf die Schmerzen der Vergangenheit fixiert bin, dann brauche ich mir die Mühe nicht zu machen, eine Partnerschaft zu prüfen und mich durch den Schutt hindurchzuarbeiten. Dann gehe ich in die nächste Verliebtheit, danach folgt die nächste Trennung, schließlich kommt das nächste Drama ... Die Unfähigkeit, das Drama loszulassen, hat oft mit einer Unfähigkeit zur Entscheidung zu tun. Diese wiederum hängt mit der Schwierigkeit zu verzichten zusammen. Das Problem dabei ist, gierig alles haben zu wollen und schließlich gar nichts mehr zu haben.

Loslassen des Dramas heißt jedoch nicht, daß wir das Leid im Leben und in der Liebe überwinden können. Leiden ist eine dem Leben immanente Qualität. Wir können die Liebe nur in ihrer Fülle leben, wenn wir auch die damit verbundenen notwendigen Schmerzen zu leben bereit sind.

Sich diesen feinen und so wesentlichen Unterschied bewußtzumachen kann über unser Glück entscheiden: Die leidvolle Erfahrung, daß wir nur begrenzt lieben können und nur begrenzt geliebt werden; die leidvolle Erfahrung, daß die Realität unseres Lebens niemals unseren Phantasien entspricht und wir immer auch mit den Grenzen unserer Selbstverwirklichung konfrontiert sein werden, ist die eine Wahrheit. Die andere – gleichzeitige – Wahrheit ist, daß wir das Drama des Ausgeliefertseins an unsere Gefühle, Muster und Impulse loslassen können. Wichtig ist hierbei auch ein genaues Definieren des in dieser Beziehung notwendigen Verzichts.

Eine Voraussetzung, die mir erlaubt, das Drama loszulassen, ist, daß ich die alten Schmerzen zugelassen, durchgearbeitet und gewürdigt habe und jetzt hinschaue, wie ich allgemein Dramen und speziell dieses konkrete Drama jetzt inszeniere.

Das Loslassen des Dramas bedeutet auch, die Verantwortung dafür zu übernehmen, daß es mir gut oder schlecht geht. Wenn ich nicht wirklich bereit bin, glücklich zu werden, dann hat kein Traumprinz und keine Traumprinzessin eine Chance, mich glücklich zu machen.

Wenn ich wirklich bereit bin, das Drama, den Schmerz und den Kampf loszulassen und mich dafür zu entscheiden, mit einem Menschen glücklich zu werden, ändern sich meine Empfindungen, ändert sich meine Art des Hinschauens.

Die Frage wird wichtig: Will ich mein Gegenüber wirklich glücklich machen, und bin ich bereit, aus diesem „ich will haben" herauszutreten?

Dieser Gedankengang war lange Zeit in einigen psychotherapeutischen Schulen tabu. Es war verdächtig, den anderen glücklich machen zu wollen. Es ist jedoch eine der entscheidenden Fragen, ob ich bereit bin, neben dem Nehmen auch zu geben; ob ich bereit bin, das Geheimnis des Schenkens zu erforschen, in den inneren Raum der Demut und des Dienens zu treten und so in der Hingabe an den anderen mich selbst zu beschenken. Es gibt in uns einen Bewußtseinsraum, in dem es uns möglich wird, uns für die Fürsorge für diesen konkreten Menschen zu entscheiden, uns zu verbinden und anzukommen.

Mit dem französischen Liebesforscher Arnaud Desjardins empfehle ich noch einige weitere Fragen zur Orientierung:

Haben wir beide das Gefühl, wirklich Freunde zu sein?
➤ (Der Lebenspartner sollte der/die beste FreundIn sein.)
➤ Gibt es zwischen uns so etwas wie Leichtigkeit und Ungezwungenheit?
➤ Fühle ich Vertrauen in mir, vertraust du mir?
➤ Haben wir Respekt voreinander?
➤ Bin ich bereit, meine Würde und deine Würde zu achten?

Gibt es dieses einfache und lockere Zusammensein, ohne daß sich die nächste Beziehungsdramatik anbahnt, ohne daß es wieder einen fundamentalen Streit gibt mit Schmerz, Verzweiflung, Rausrennen, Türenknallen etc.?

Wildes, ungezügeltes, wollüstiges Streiten ist für die Anfangsphase und für einige Durchgänge der Zyklen in Beziehungen wichtig. Aber wenn diese Kämpfe bleiben, zum Ritual werden, sollten wir uns fragen, ob wir wirklich daran festhalten wollen. Oder ist es nicht an der Zeit, die neue Möglichkeit zu erproben, Leichtigkeit einzuladen und Harmonie zu riskieren?

Manchmal sagt uns eine innere Stimme oder Empfindung, daß jetzt der Zeitpunkt dafür gekommen ist. Wenn wir uns für diesen Abschied bereit fühlen und diesen Übergang in eine neue Lebensphase vollziehen wollen, dann ist es gut, sehr bewußt einen Zeitpunkt für ein „Fest" zu wählen, in dem wir uns hinstellen und ein feierliches Ritual allein oder mit Freunden begehen:

Übung „Abschied vom Drama"

Planen Sie ein Ritual, in dem Sie sich von Ihrem Anhaften an das Drama verabschieden, und bereiten Sie es so genau wie irgend möglich vor, überlegen Sie sich die wesentlichen Sätze, die den Übergang in die Zeit nach dem Drama charakterisieren sollen. Sprechen Sie diese Sätze langsam und feierlich, gestalten Sie sich einen einmaligen und feierlichen Raum für diese Zeremonie. Lassen Sie Zeugen dabei sein, die Sie später des öfteren an diese Initiation in eine neue Lebensphase erinnern können. Als mögliche Beispiele für den rituellen Abschied vom Drama seien genannt:

➤ „Ich habe das Drama in meinem Leben gebraucht, und jetzt lasse ich es los."

➤ „Danke, es war anscheinend notwendig, aber jetzt ist es genug."

➤ „Ich kann ohne unnötigen Schmerz gut leben und lieben."

➤ „Ich bin nicht mehr das Opfer meiner Gefühle und der Umstände."

➤ „Ich gehe durch ein Tor in einen neuen Lebensabschnitt jenseits des Dramas."

Finden Sie eigene Sätze, Bewegungen, Gesten, eine Musik, ein Bild, und gestalten Sie alles zusammen in einem erlösenden Ritual des Loslassens.

Die innere Haltung kann in einem solchen Ritual umgepolt werden. Es ist wie ein inneres Umwenden hin zur Leichtigkeit, zur Harmonie, zum Einverstandensein, zum Spielen, zum Verspieltsein. Die Wirkung dieser Entscheidung wird durch die Kraft des Rituals und durch die Erlaubnis erzielt sowie durch das bewußte Hineintreten in einen neuen Lebensabschnitt, das Hindurchtreten durch eine bisher verschlossene Tür, vergleichbar einer Initiation.

Gerade auch in Konflikten können wir dann plötzlich den Kontakt auf eine unerwartete Ebene heben, indem wir aus dem Drama aussteigen, das Energieniveau wechseln, den Durchbruch wagen und scheinbar unvermittelt fragen: Was wollen wir wirklich? Darf es auch leicht sein?

Nicht in Zeiten des Konflikts, sondern im Zustand der Stille und Präsenz sollte die zentrale Frage, die ich schon von verschiedenen Seiten beleuchtet habe, gestellt werden: Sind wir beide uns ähnlich genug?

Mann und Frau sind in vieler Hinsicht sehr unterschiedlich. Deswegen können wir uns erlauben, Ähnlichkeit anzustreben und zu genießen. Das zieht auch nach sich, auf heiß und kalt zu verzichten und sich mit *warm* anzufreunden. In einer warmen Beziehung kann es immer wieder heiß geben, aber wenn es nur heiß und kalt gibt, dann kann dieses Wechselbad der Gefühle eine Beziehung sehr krank machen.

Der Abschied vom Drama ist einer der wichtigsten Schritte auf dem Weg zum Erwachsenwerden. Der Preis ist hoch, denn wir müssen die Freiheit der Selbstverantwortung auf uns nehmen. Glück ist kein Zustand der unruhigen Begeisterung, sondern ein Angekommensein bei sich selbst und damit im Ganzen.

V. Präsenz und unmittelbares Gewahrsein

15. Die Kraft der Intuition und Präsenz

Was ist Intuition, und wie läßt sie sich entwickeln ?

Intuition ist eine reale Möglichkeit des Menschen, in Kontakt zu kommen mit tieferem Wissen und speziellen Informationen, die uns das Alltagsbewußtsein verstellt. Es ist jedoch problematisch, wie selbstverständlich anzunehmen, daß jede scheinbare Intuition notwendig richtig ist. Wir können Hoffnungen, Ängste oder Wunschdenken mit Intuition verwechseln und dem Irrglauben verfallen, jeder Traum, jedes Gefühl, jede gezogene Tarotkarte sei eine Botschaft einer höheren Weisheit. Die unterentwickelte Intuition kann launisch und verworren, irreführend und fehlerhaft sein. Echte Intuition ist jedoch jedem Menschen möglich. Wir müssen lernen, unsere Intuition zu schulen und die Merkmale einer echten Intuition von einer Projektion oder anderen Phantasien zu unterscheiden.

Dabei hängt die Entwicklung einer echten, wegweisenden Intuition u.a. davon ab, daß wir uns der Störungen und Hindernisse bewußt werden, die ihre Klarheit beeinträchtigen. Die Intuition gibt uns eine Richtung, sie zeigt uns einen guten Weg, sie entbindet uns aber nicht der Vorbereitung und der verstandesmäßigen Durcharbeitung der Informationen, die wir durch sie erhalten.

Intuitive Botschaften haben meist einen binären Charakter. Sie übermitteln uns entweder ein JA oder ein NEIN. Diese Hinweise sind meistens in Form von Bildern gegeben, die wir zuerst entschlüsseln müssen. Im Deutungsvorgang können sich Übersetzungsfehler einschleichen. Es ist wichtig, daß wir uns selbst gut prüfen und kennen, um eine Vermengung unserer Deutungen mit Wünschen und Zielen, Projektionen und Ängsten oder einfach Einbildungen zu erkennen.

Intuition läßt sich nicht erzwingen. Wir können uns nur auf dieses Geschenk vorbereiten, die Botschaften einladen und gute Empfangsbedingungen in uns schaffen. Solche guten Empfangsbedingungen sind z.B.:

➤ Entspannung,
➤ auf Körperempfindungen achten,
➤ uns in Geduld üben,
➤ innere Stille üben,
➤ Loslassen der festen Absicht, eine Information zu bekommen,
➤ Offensein für Überraschungen (das Unbekannte riskieren),
➤ Wahrnehmen kurzer, blitzartiger Offenbarungen,
➤ Offensein für ein Gespür für das Ganze,
➤ das Spielen mit verschiedenen Möglichkeiten,
➤ mit verschiedenen Medien (Bildern, Ton, Bewegung, Lauten, Gedichten) experimentieren,
➤ eine realistische Selbsteinschätzung entwickeln, um die persönlichen Fehlerquellen kennenzulernen, die eine Intuition verfälschen können.

Die Hirnforscher haben inzwischen die alte Hypothese fallengelassen, daß Intuition und Kreativität hauptsächlich mit der rechten Gehirnhälfte zu tun haben. Vielmehr glaubt man heute zu wissen, daß diese kreativen Prozesse eher mit einem rechts-linkshirnigen Austausch, der Beweglichkeit des Gehirns und des übrigen Körpers sowie mit Entspannung und dem Zulassen zarter innerer Impulse zu tun haben. Wenn wir uns entspannen, können leichter Verbindungen zwischen verschiedenen Gehirnregionen geschehen, die dann durch die Integration der unterschiedlichsten Informationsarten solche intuitiven Botschaften ermöglichen, die wir als klar, wegweisend und kreativ empfinden.

Eine hilfreiche Metapher dafür, was im kreativ-intuitiven Prozeß eigentlich geschieht, ist das holographische Konzept vom Universum. Es geht davon aus, daß der Kosmos ein hochdifferenziertes

Gewebe von Informationen ist, die als Wellenmuster aufgefaßt werden. Wir als Menschen sind mit unserem Empfangsorgan Körper (also nicht nur mit dem Gehirn) Teil dieses riesigen Netzes. Wir können in diesem Interferenzmuster von Wellen und Schwingungen alle Informationen aufnehmen, für die wir unsere Kanäle öffnen, unsere Antennen ausfahren. Dies scheint eine Frage von Begabung *und* von beharrlicher Übung zu sein.

Ein höherer Bewußtseinszustand kann folglich umschrieben werden als die Fähigkeit, mit diesen vorhandenen Informationen Kontakt aufzunehmen.

Die meisten Weisheitslehren der Welt nennen als Grundbedingung dafür die Stille. Stille kann jedoch nur entstehen, wenn wir zu hohe Spannung und Streß abbauen, uns Zeit lassen, in diese inneren Räume zu gehen. Kreativität oder Intuition scheint sehr viel mit dem Faktor Zeit zu tun haben. Die Seele scheint ein Raumwesen zu sein, und in ihre Tiefen vorzustoßen braucht *Weg-Zeit*, braucht Ruhe und Wachheit. Empfänglichkeit für Intuition entsteht daraus,

➤ daß man sich in den scheinbar paradoxen Zustand von Konzentration und Entspannung begibt,

➤ daß man nichts erwartet und ganz empfänglich ist,

➤ daß man in einen Zustand der schöpferischen Indifferenz gelangt.

Die Geschenke kommen dann in diese wache Entspannung hinein, wenn wir uns darauf einlassen, über das Naheliegende hinauszusehen, Ungewöhnliches zuzulassen und die Zensur, den inneren Kritiker erst mal in den Warteraum zu setzen. Die Beurteilung der Botschaften zurückzustellen ist sehr wichtig, um die Offenheit für Empfang möglichst lange aufrechtzuerhalten. Auch die Qualität unseres Ausdrucks, unserer Bilder, Gedichte und Figuren, die wir in diesem kreativen Prozeß gestalten, darf nicht vorschnell beurteilt werden. Dies ist der Rohstoff, den wir sammeln und zu einem späteren Zeitpunkt auswerten. „Man sollte eine Intuition als ein vom Winde herangewehtes Samenkorn betrachten, das man erst mal am besten sich selbst überläßt, um zu sehen, ob es Wurzeln schlägt" (Goldberg 1993, 219).

Wenn wir uns erschöpft fühlen, wenn wir gereizt sind oder uns geistig träge fühlen, kann unser Nervensystem nicht wirklich gut empfangen oder verarbeiten. Wir brauchen dann Ruhe. Diesen Urlaub als kreative Inkubationszeit zu empfinden und zu gestalten fördert die Intuition. Ein bewußtes Loslassen des Nachdenkens darüber, innerliches oder äußerliches Verreisen, ausreichende Bewegung der Muskulatur, gute Ernährung und frische Luft sind die organismischen Grundlagen für tiefes Erkennen.

Letztlich geht es um einen Zustand der Ruhe, in dem das Begehren, das Habenwollen und allgemein das Machen in Urlaub geschickt sind. Dieser Zustand kann eingeladen werden, indem wir uns auf eine innere Reise zu einem stillen Ort, einer Quelle der Weisheit, einem Tempel der Stille oder des Lichts, einer Höhle oder einem hohen Berg begeben.

Wir können die Empfindung von „heiligem Ort" einladen, um Offenheit bitten oder auch um Mut. Denn in Momenten eines kreativen Durchbruchs kann auch eine Erschütterung geschehen, die zuerst unsere Existenzgrundlage in Frage stellt, bevor sich eine neue Richtung, ein neuer tragender Horizont zeigt. Wir fühlen uns dann plötzlich wirklicher und können Kontakt zu einer inneren übergeordneten Instanz finden. Wir können uns einen Moment lang so fühlen, als ob unser Körper nur ein kleiner Teil von uns ist, als ob wir weit mehr sind als der begrenzte Raum, den wir körperlich einnehmen, und fühlen ein tiefes Vertrauen.

Bei allem ist entscheidend, daß wir uns wach und aufmerksam begleiten, indem wir eine zweite Ebene des Bewußtseins mitlaufen lassen, in der wir uns als Erlebende und Beobachtende wahrnehmen und unserer selbst bewußt werden. Wir nehmen in diesem Zustand wahr, *daß und wie* wir gerade wahrnehmen. Vergangenheit und Zukunft treten in den Hintergrund, die wache Gegenwart erleuchtet den Vordergrund. Diesen Vorgang nenne ich unmittelbares Gewahrsein oder Präsenz.

Viele Paare, die ich begleiten durfte oder die ich sonst kenne, die glücklich miteinander sind, kennen diese Momente der Präsenz, in denen kein Begehren da ist, in denen es einfach still geworden ist. In diesem Zustand können wir auch die Ambivalenz der Gefühle akzeptieren, da ist das *und* das – das ist der Zustand des „Und", die Integration. Es ist so etwas wie eine Ahnung, wie ein inneres Herabblicken aus hohem Alter auf diesen Moment unseres Lebens.

Die folgende Meditation setzt viel innere und äußere Vorbereitung voraus. Stellen Sie sicher, daß Sie ausgeruht, in einem stillen, geschützten Raum, aufrecht sitzend oder entspannt liegend ausreichend Zeit haben und möglichst unter freundlicher und sicherer Anleitung von einem Freund oder einer Freundin durch diese inneren Räume begleitet werden.

Übung „Unmittelbares Gewahrsein"

Um diesen Zustand der wachen Präsenz zu üben,

spüren Sie Ihr Zentrum, Ihre Mitte oder wie Sie Ihr persönliches Kraftzentrum nennen wollen (vielleicht im Bauch, vielleicht im Herzen ...),
es gibt den Raum von Ruhe in mir, in uns,
am Boden ankommend
spüre ich meine Beine,
füllt der Atem meinen ganzen Körper bis zu den Füßen,
bin ich mir meiner Wirbelsäule und meines Kopfes bewußt,

kann ich mir erlauben, in diesem Moment in meiner Wirbelsäule eine
Ahnung von meiner Würde zu spüren,
kann ich für einen kleinen Moment Klarheit und Abstand zulassen,

ich bin ganz bei mir,
ich bin in diesem Moment ganz autonom,
während ich atme,
ich brauche gerade niemanden,
ich spüre mein Herz schlagen,

ich schaue wie von einer hohen Warte aus auf mein Leben,
mit der Würde und Ruhe eines/einer alten Weisen,
ich schaue auf mich, wie ich da sitze,
ich erlaube mir für einen kleinen Moment die Vorstellung, daß ich frei bin,
ohne Bedürftigkeit,
ich bin satt, rund und voll,
ich habe alles, was ich brauche, um zu leben,
um zu atmen, zu genießen, mich zu entfalten,
ich lasse los, ohne Anstrengung
bin ich bei mir,

ich bin mir bewußt, daß in diesem Universum alle Lebensprozesse zwei
Seiten haben,
daß auch alle Gefühle zwei Seiten haben,
aus dieser Ruhe schaue ich jetzt auf meine Partnerin/auf meinen Partner
und nehme jede feine Information wahr,
seien es kleine Zweifel,
ein kleines Nein in einer versteckten Ecke in mir,
oder dieses Ja aus einem anderen Raum in mir,

ich ahne in dieser Ruhe: „Was sagt mein Wesen wirklich?"
Wie ist vom Platz der Ruhe aus meine Wertschätzung des Gegenübers?
Möchte ich in einigen Aspekten so sein wie sie oder er?
Ist sie oder er in irgendeiner Weise ein Vorbild für mich?

Kann ich aus dieser Ruhe und Bedürfnislosigkeit wählen,
oder wähle ich aus Bedürftigkeit und Angst?

Vielleicht sind es keine Worte, die in mir hochkommen, es sind vielleicht
Bilder, Symbole oder Gerüche, Märchen, Farben, Formen oder Körperempfindungen.

Ich mache mir bewußt, daß auch in diesem Zustand der Präsenz die anderen Persönlichkeitsebenen gleichzeitig anwesend sind: die Gefühle, die Projektionen, die Bilder und Klischees.

Also auch in diesem Ruhigwerden müssen wir weiter die Frage stellen:

➤ Bin ich bereit, glücklich zu sein?
➤ Was ist wirklich? (Das Gegenüber hat eine Realität. Es macht etwas mit mir.)
➤ Wie kann ich diesem Wesen als Gesamtwesen gegenübertreten?
➤ Sind wir uns ebenbürtig in der Kraft?
➤ Hält dieses Gegenüber mich aus?

Sie können sich vorstellen, Sie sind 80 Jahre alt und schauen auf Ihr Leben. In diesem Zustand des Herabblickens aus hohem Alter wird dann für Momente dieses Habenwollen, diese Gier, etwas besitzen zu wollen, still, und eine innere Klarheit entsteht.

Was sagt meine Intuition, wie die nächsten Schritte meiner und unserer Entwicklung sein können?

Ein Weg, um dahin zu kommen, besteht unter anderem darin, die eigenen Neigungen zur Projektion genau zu kennen.

Was sind meine Bilder, die sich normalerweise vor meine Präsenz stellen?

Was und wie ist meine biographisch geübte Nebelwand?

Was ist meine Klischeestruktur?

Und dann – wie mit zusammengekniffenen Augen – sehr langsam durch diese Bilder hindurchschauen auf das, was hindurchscheint durch das, was erscheint.

Ich lasse mir Zeit, tiefer in diesen Zustand der Ruhe zu kommen.
Bilder und Gedanken kommen und gehen. Ich halte nicht daran fest.

Ich atme.

Ich bin
jetzt.

Ich schaue die Bilder an, die sich vor meine Klarheit schieben, blicke durch sie hindurch: zum Kern.

Ich werde still und höre meiner inneren Stimme aus der Tiefe meines Herzens zu: Ich frage sie nach Wegen, wie ich alte Verletzungen, alte Muster loslassen, verzeihen und immer wieder neu im Jetzt beginnen kann.

Wenn ich den Schatten, alle dunklen Seiten und den notwendigen Verzicht in dieser Beziehung anschaue, was sagt dann mein innerstes Zentrum zu dieser Verbindung?

Wenn ich kleine und kleinste Bewegungen in meinem Körper zulasse und beachte, was bewegt sich auf diesen Menschen zu, und was bewegt sich fort?

Ich lade Klarheit, Wirklichkeit und Ehrlichkeit ein und frage meine innere Stimme: Wie kann ich alte Ängste, Selbstbeschränkungen und Opferhaltungen loslassen und meinem Partner/meiner Partnerin selbstverantwortlich gegenübertreten?

Ich spüre meine innere Würde: Was sagt sie mir über die Möglichkeiten von Liebe in dieser Beziehung?

Durch die Bilder und Stimmen hindurch gehe ich in den wortlosen Raum des stillen Lichts und ahne das Wesen.

Wenn wir in diesem Zustand der Intuition oder in der Präsenz sind, haben wir eine Chance, auf einer vorsprachlichen Ebene eine Ahnung davon zu bekommen, ob mein Gegenüber ein möglicher Lebenspartner ist und welche Entfaltungsmöglichkeiten in dieser Beziehung liegen.

Diese Ahnung gelingt uns wahrhaft nur in diesem Zustand. Auch hier wiederum ist es gut, die Gefahr zu erkennen, daß wir uns austricksen: Wenn es nämlich wirklich so sein sollte, daß ich mit diesem Partner glücklich werden könnte, kann die Angst vor dem Glück auch hier in mir eine Fluchtreaktion auslösen.

Wenn die ersten zwei bis drei Fluchtreaktionen vollzogen sind, heißt das noch lange nicht, daß das jetzt der empirische Beleg dafür ist, daß diese Beziehung nicht gut für Sie ist. Die Aussage „Meine Intuition hat mir gesagt ..." sollte immer wieder geprüft werden hinsichtlich der gefühlsmäßigen „Unreinheiten", die sich eingeschlichen haben könnten.

In der obigen Meditation können wir spüren, daß Präsenz eine wirkliche innere Realität ist und daß sie tiefer und wirklicher als ein Gefühl ist. „Es ist, als ob sich das ganze Sein in einer integrierten Intensität gesammelt hätte. ... Aufregung ist verflogen ... Es ist ... eine positive Präsenz einer Kraft oder höheren Intelligenz, die weder physischer, emotionaler noch geistiger Natur ist" (Almaas 1994, 13).

Diese unmittelbare Auffassung, dieses unmittelbare Gewahrsein einer Wahrheit ist manchmal gepaart mit einem Gefühl der Gewißheit, ohne daß wir wissen, wie wir zu diesem Wissen gekommen sind. Doch diese Intuition ist noch nicht das Wesen, der Kern oder die Essenz.

„Sie kann uns helfen, die Essenz zu erkennen, aber sie ist ein Prozeß oder ein Vermögen, aber nicht Existenz von Sein als Sein selbst" (Almaas 1994, 29).

Präsenz ist nun ein Zustand, der nicht den ganzen Tag über aufrechterhalten werden kann. Diese Wachsamkeit ist ein glücklicher Ausnahmezustand, den wir hier und da einmal erreichen und über regelmäßige Übung vertiefen können.

Der normale Alltag beschränkt sich in der Regel auf die Ebenen des Gefühls, der Bilder und Gedanken. Es ist ein hohes Ziel, präsente Wachsamkeit langsam auf größere Teile des Tagesgeschehens auszudehnen, angefangen bei der Atmung, der entspannten Wahrnehmung, bis hin zur Körperhaltung und dem Sich-nicht-mehr-Identifizieren mit den Gefühlen.

Ich stelle die Zustände der Präsenz und Intuition in diesem Buch in den Vordergrund, weil sie uns helfen, die Frage nach der guten Partnerschaft zu beantworten. Denn zum Wachstum bedarf es außergewöhnlicher Momente von innerer Wachheit, die nur in der Präsenz der Stille erreichbar sind.

Das Leben wäre jedoch ziemlich trocken und eindimensional, wenn wir immer nur in diesen sehr stillen und feinen Momenten wären, obwohl wir gerade in diesen Zuständen die höchstmöglichen Verbindungen mit dem Gegenüber und mit dem Ganzen erfahren und genießen können.

Manchmal sind wir Menschen auch gerne undifferenziert und plump: auch das ist ein wunderbarer Zustand. Er hilft uns, ins

Spielen zu kommen, macht Spaß und kann uns freimachen von alten Mustern. Er taugt nur für Lebens- und Beziehungsentscheidungen nicht.

Präsenz ist ein Zustand, der immer wieder erarbeitet werden muß und der auch niemals als Idealzustand erreichbar ist. Es gibt nur den Weg dorthin. Wirkliches Glück ist jedoch nur erfahrbar, wenn mir mehrere Ebenen des menschlichen Seins zur Verfügung stehen, wenn ich mir neben den Alltagsgefühlen die Wachheit der freundlich-aufmerksamen Selbstreflektion und Präsenz erschließen kann.

Solange ich in der Drama-Welt der Emotionen bleibe, ist Zufriedenheit oder Glück kaum möglich, weil ich jederzeit aufgrund einer kleinen emotionalen Schwankung aus diesem Zustand herausfallen kann. Nur in der Präsenz kann ich so etwas erleben wie Verbundenheit, Kontakt und Sicherheit im Gesamten, also Eingebundensein in das Sein, das große Netz des Lebens. Mit den Gefühlen sind wir gefesselt an die Situation, in der Präsenz sind wir verwoben mit dem Sein.

Den Zustand der Präsenz erlangen wir am ehesten durch Aufmerksamkeit in dem genannten Viererschritt (vgl. Übung 29: „Hinter den Namen spüren"):
1. Zulassen einer Empfindung
2. Benennen der Empfindung
3. Loslassen der Benennung
4. das Wahrnehmen der dahinterliegenden Energie.

Was aber ist Aufmerksamkeit oder Achtsamkeit?

Alle verbalen Beschreibungsversuche sind unvollkommen. Sie läßt sich nur umschreiben und erfahren. Diese wache Ausrichtung des ganzen Seins auf diesen Augenblick, das wache Wahrnehmen aller in diesem Moment möglichen Wahrnehmungsebenen, das Sichbewußt-Sein der eigenen Geschichtlichkeit, der Körperlichkeit, des geistigen Aspekts und der Polaritäten, diese Verbreiterung und Vervielfachung der Perspektive, dieser Moment, in dem der Blickwinkel so weit wird, daß ein tiefes Glücksgefühl entsteht, und dennoch ist es mehr: Aufmerksamkeit ist die Ausrichtung des Bewußtseins auf es selbst, die wache Schau auf den Aufmerksamkeitsprozeß selbst.

Das Ausrichten der Aufmerksamkeit ist letztlich das einzige, worauf es ankommt. Wir können uns in diesen Momenten dem Göttlichen sehr nahe empfinden, denn die Aufmerksamkeit ähnelt dem Schöpfungsprozeß, ja sie ist der eigentliche Schöpfungsprozeß.

Durch die Ausrichtung unserer Aufmerksamkeit schaffen, schöpfen wir die Wirklichkeit. Das ist einerseits auf einer einfachen wahrnehmungspsychologischen Ebene belegbar, es ist hier jedoch auch in einem tieferen Sinne der geistigen Schöpfung von Wirklichkeit gemeint. In der Aufmerksamkeit schaffe ich meine Welt und mich und mein Gegenüber.

Aufmerksamkeit und Liebe sind auf dieser tiefen Ebene das gleiche, wobei bei der Liebe die Zeitdimension und Verbindlichkeit dazukommt. Die innere Haltung des Lauschens und des Absichtslos-Schauens bei der Aufmerksamkeit ähnelt dem, was wir in der Liebe dem Gegenüber entgegenbringen. Diese wache Konzentration auf das, was ist, und nicht auf das, was wir uns vorstellen oder wünschen, kommt der Liebe sehr nahe.

Liebe ist ein Vorgang des vorbehaltlosen Annehmens, des Hörens, des sich Beschenkenlassens. In diesem Zulassen geschieht ein Fließen von Nehmen, und das ist die Grundlage des Gebens. Damit ist der Energiekreislauf geschlossen, Verbindung entsteht. Wir sind auf dem Weg zur Liebe.

Begleitet von wacher Aufmerksamkeit kann Liebe jenseits des Habenwollens gelangen, jenseits des Ausgleichs von Geben und Nehmen. Die Präsenz ermöglicht uns, jenseits des Begehrens und der Gier zu kommen, in die Stille des Daseins. Dort ist Freude, Verneigung und Demut. Die Machtkämpfe lösen sich auf. Es ist leicht, sich den Gefühlen und Stimmungen hinzugeben. Es ist schwierig, sich da herauszuhalten und nur zu schauen und die Gedanken, die Empfindungen zu beobachten – und sich nicht in diesen Impulsen zu verlieren. So kann ein tiefes Glücksempfinden entstehen, das nicht mehr abhängig ist von sinnlichen Reizen und projizierten Bildern.

Glück ist waches Bewußtsein. Waches Bewußtsein ist Glück.

Wenn wir so unsere geistige Kapazität ausdehnen, ist auch der sexuelle Orgasmus nicht mehr von dieser großen Bedeutung. Die geistige Dimension ist bedeutender, und mit dem Geist können wir wesentlich weitergehen.

Doch dies alles braucht Zeit und Übung.

Beziehungen brauchen Zeit, freundliche Aufmerksamkeit braucht Zeit, Liebe braucht Zeit.

Wach
　langsam
　　still
　　　zart
　　　　freundlich
　　　　　vorsichtig
　　　　　　ausdauernd
　　　　　　　regelmäßig
　　　　　　　　immer wieder
　　　　　　　　jeden Tag
　　　　　　　　　jeden Moment
　　　　　　　　　wach
　　　　　　　　　　klar
　　　　　　　　　　jetzt.

Dabei ist hilfreich, das Paradox zu betrachten, daß wir uns nichts sehnlicher wünschen als die aufmerksame Liebe, und daß wir die Liebe zwar üben können, aber daß wir sie nicht *machen*, nicht erzwingen können, sondern uns in diesem Prozeß dem großen Ganzen anvertrauen müssen.

Das beharrliche Üben in der einen Hand, das wache Geschehenlassen in der anderen Hand, und beide Seiten würdigen in königlicher Demut.

16. Die Qualitäten der Liebe

Eine wesentliche Grundlage im Wachstumsprozeß zur Liebesfähigkeit hin ist die Entwicklung von bestimmten inneren Haltungen oder auch Qualitäten. Sie können wachgerufen und somit gelernt werden, indem wir sie vom Klang unserer Worte, von der inneren Vorstellung, durch Bewußtseinsakte und vor allem durch unsere Handlungen aus der Tiefe des Herzens in die alltägliche Wirklichkeit heraufholen.

Die folgende Übung ist eine empfehlenswerte und bewährte Unterstützung für den Beziehungsalltag. Sie können diese Übung entweder mit dem realen Partner durchführen oder ihn/sie sich innerlich herbeiholen oder sich auch – wenn Sie nicht in einer Liebesbeziehung leben – einen erwünschten Partner vorstellen.

Übung „Qualitäten der Liebe"

Setzen Sie sich bequem vor Ihre/n Partner/in, schauen Sie lange zu ihr oder ihm hin. Während Sie atmen, können Sie tiefer nach innen gehen und neue Türen in Ihrem Innenraum öffnen. Ihr Atem ist wie ein Geländer, das Sie wie auf einer Treppe oder einem Weg nach innen führt. Lassen Sie dabei die Worte *Aufmerksamkeit, Achtsamkeit, Sorgfalt* in sich hörbar und spürbar werden.

Nehmen Sie sich Zeit, sich diese Qualitäten vorzustellen, indem Sie mehrere Situationen imaginieren, in denen Sie sich in dieser Weise verhalten.

Sie können sich konkret vorstellen, was Sie im einzelnen tun können, um diese Qualitäten (deren Anlage in Ihrem Innersten vorhanden ist) in der äußeren Realität Wirklichkeit werden zu lassen
Sprechen Sie vorerst noch nicht mit Ihrem Partner, sondern bleiben Sie auf der Ebene von Vorstellungen. Diese inneren Bilder brauchen eine gewisse Zeit, bis sie kraftvoll und konkret werden. Beatmen Sie diese Bilder und verbinden Sie sie mit einer kleinen Geste Ihres Körpers.
Jetzt „ankern" Sie diese Bilder mit einem Ort, Satz oder Bild, mit einer Geste oder einem Geruch, je nachdem, welcher Informationskanal Ihnen am leichtesten zugänglich ist.
Ihr Partner hat während dieser Zeit das gleiche für sich gemacht. Nun tauschen Sie sich über Ihre Erfahrungen aus.
Beim nächsten Mal können Sie die gleiche Übung mit den Qualitäten *Zärtlichkeit, Einfühlsamkeit, Innigkeit* durchführen. Oder sich einstimmen auf *Raum, Weite, Kraft, Friede, Verläßlichkeit, Fürsorge, Nähe.*

Es ist hilfreich, die eigene Öffnung für diese Qualitäten auch in anderen Sinneskanälen zu ankern. Sie können ein Bild dazu malen, Sie können eine Bewegung dazu tanzen, Sie können ein kleines Gedicht dazu schreiben.

Oftmals berichten mir Paare, die diese Übung durchgeführt haben, daß die Innigkeit, die dadurch entstehen kann, vergleichbar ist mit körperlicher Intimität.

In Phasen der Offenheit sind diese Übungen natürlich leichter durchzuführen als in Zeiten des Konflikts. Doch auch hier kann es nützlich sein, sich auf zur Zeit verschüttete Qualitäten zu besinnen und sich zu fragen: „Aus welchem inneren Zustand heraus habe ich gehandelt? Habe ich aus dem Zustand der Selbstgenügsamkeit, der Weite und Ruhe, der Zärtlichkeit und Achtsamkeit gehandelt?"

Ein mögliches Vorgehen dabei ist, sich zu fragen, welche Qualität ich oder wir im Moment am meisten in uns selbst vermissen. Es klingt sonderbar, doch die Erfahrung ist wirklich möglich, daß durch ein Sich-Besinnen auf diese Qualitäten die entsprechenden Eigenschaften in uns wachgerufen und hervorgelockt werden.

Es gibt die Magie der Sprache. Allein durch das Benennen werden Kräfte gelockt oder gebannt. So können wir Ehrlichkeit hervorlocken, unseren Mut unterstützen, Dankbarkeit und Großzügigkeit einladen.

Ich bin davon überzeugt, daß diese Arbeit an den Qualitäten der Liebe eine tragfähige Grundlage für einen erfüllenden Alltag miteinander und zu angemessenen Lebensentscheidungen ist.

VI. Im Kernbereich der Liebe

17. Der Sinn in unserer Lebenspartnerschaft

Kein Mensch beginnt zu sein,
bevor er seine Vision empfangen hat.
– Spruch der Ojibwa-Indianer

In Beziehungen treffen keine klar beschreibbaren Einzelwesen aufeinander, sondern ganze Systeme. Viele Menschen sind sich dieser Komplexität ihrer Verhaltensmöglichkeiten zuerst gar nicht bewußt. Je nachdem, mit wem wir zusammentreffen, entwickeln wir andere Aspekte unseres persönlichen Systemgesamts und stellen diese besonders in den Vordergrund. Wir prägen je nach Eigenart unserer Gegenüber bestimmte eigene Eigenarten stärker aus.

So schafft das Zusammentreffen eine neue Realität, nämlich die spezifische Kontaktstruktur dieser Menschen, die Atmosphäre des Paares oder der Gruppe, die Paar- oder Gruppengestalt. Auf diese gemeinsam geschaffene Atmosphäre reagieren die Beteiligten wiederum, indem sie bestimmte Aspekte ihrer inneren Persönlichkeiten, ihrer inneren Stimmen, Bilder und ihres Verhaltensrepertoires hervorheben. Das Paar oder die Gruppe schafft ständig ein eigenes Feld, eine Kleingruppenenergie, die wie ein Filter bestimmte Aspekte des Einzelwesens zuläßt und andere unterdrückt oder zumindest in den Hintergrund treten läßt.

Diese durch das Ich und das Du geschaffene neue Dimension nennen wir das Wir. Bei genauem Hinschauen können wir erfahren, wie dieses Wir jeden Impuls, jeden Gedanken, jeden Atemzug beeinflussen kann, und das um so mehr, je weniger bewußt der jeweilige Wir-Aspekt ist.

Ein Paar kann seine Beziehung beweglich und lebendig erhalten, indem es sich die verschiedenen offenen und heimlichen Wir-Muster bewußtmacht und sammelt. Wie kann dies geschehen?

Übung „Wir-Bilder"

Eine gute Methode ist das zuerst getrennte und dann gemeinsame Brainstorming. Jeder sammelt zuerst für sich allein auf kleinen Zetteln alle nur erdenklichen Erwartungshaltungen an die Beziehung und Denkmuster über sie.

Dann wird gemeinsam weiterassoziiert und im dritten Schritt alles zusammengefügt und nach der Bedeutsamkeit der Wir-Definitionen geordnet, d.h. eine Rangreihe gebildet.

Ferner ist es möglich, einige nahestehende Freunde (oder Gruppenmitglieder) zu fragen und von diesen die von außen wahrnehmbaren Wir-Bilder der Beziehung zu erfahren.

Diese individuellen und gemeinsamen Wir-Bilder können dann von Zeit zu Zeit aktualisiert werden. So kann die Entwicklung der Beziehung verfolgt werden.

Beziehungen bewegen sich in der Regel im Ich-und-Du-(oder Wir-)Bereich. Das Wir-Empfinden kann, meist in der ersten Phase der Beziehung, zufriedenstellend sein. Es stellt jedoch eine Übergangsphase dar, und von einem bestimmten Punkt der Entwicklung einer Beziehung an braucht es etwas, was ich „das Dritte" nenne. Das Wir geht über die Einzelperson hinaus, das Dritte geht über das Wir hinaus.

Eine der stärksten Kräfte in uns Menschen ist die Vision, ist die Bedeutung, die wir einer Situation oder einem Menschen geben. Die evolutionspsychologischen Konzepte der Partnerwahl weisen ausschließlich darauf hin, daß wir unser mögliches Gegenüber nach den Gesichtspunkten der Fruchtbarkeit und damit der Übertragbarkeit unserer Gene beurteilen. Dies ist jedoch nicht nur zu kurz gegriffen, es ist oftmals einfach falsch.

Wir wählen unser Gegenüber nach den Möglichkeiten, in dieser Beziehung Sinn für unser Leben gestalten zu können, bestimmte uns wichtige Geschichten leben und erleben zu können. Wir sind Kontext-Wesen, sinnsuchende Wesen und suchen Bedeutungen, die über die biologische Reproduktion hinausgehen.

Die Evolutionspsychologen finden in ihren Analysen genau das heraus, was sie vorher an Hypothesen hineingelegt haben. Schönheit wird von Menschen eben nicht rein biologisch, sondern kontextgebunden bewertet. Wir erleben Schönheit als Hinweis auf möglichen Sinn. Die äußere Erscheinung ist ein Ausdruck der Persönlichkeit, der wiederum ein Hinweis auf die mögliche Erfüllbarkeit von Lebensentwürfen ist.

Der Lebensentwurf ist die größere Kraft als die Zahl der möglichen Kinder, die sich nach Meinung der Biologen an herausragenden Becken- und Backenknochen ablesen läßt. Die Weitergabe von Genen ist nicht der einzige Weg zur Unsterblichkeit. Alle anderen Formen eines *Dritten* im Leben und in der Beziehung erfüllen diesen Drang zur Verewigung teilweise noch zuverlässiger.

Die Pheromone, die Duftstoffe, all dies spielt eine wichtige Rolle zur Aktivierung des Aufeinanderzugehens im allgemeinen. Warum wir uns aus den vielen möglichen, durch Duftstoffwahl positiv in Frage kommenden potentiellen Partnern diese eine oder diesen einen auswählen, bestimmt sich dann eher durch situative Faktoren, die Story im Umfeld des Kennenlernens und die möglichen Stories in dieser Beziehung. Erfahrungen zeigen, „daß man sich zu jemandem hingezogen fühlt, der – unbewußt – die gleiche Story erleben möchte" (Sternberg 1988).

Der Geruch weist eben nicht nur auf Gene hin, sondern auch auf Spannungsmuster, auf die Lebenshaltung, auf Sexualbereitschaft, Ernährungs- und Bewegungsgewohnheiten. Die Bedeutungsvielfalt körperlicher Ausdrucksweisen (Becken, Brust, Kinn, Augen) ist immer viel komplexer als die rein biologische Bedeutung. Sie haben sich in dem komplexen Wirkungsgefüge von biologischer, sozialer und geistiger Bedeutung ausgeprägt. Die Vorlieben – durch den vermittelten Bedeutungsgehalt – ändern sich teilweise so schnell, viel schneller als evolutionsbiologische Muster – die Jahrtausende zur Entwicklung brauchen – sich verändern könnten.

Bei Schönheit und Attraktion fragen wir also (meist unbewußt): Welchen ganz persönlichen Lebenskontext bedient diese „Gestalt", die wir ganzheitlich wahrnehmen? Die morphischen Muster (z.B.

Lippen, Schultern ...) sind vor allem von symbolischer Bedeutung: Sie weisen hin auf innere Bilder von z.B. der Königin, der Hetäre, der Mutter, der Freundin ... des Königs, des Versorgers, des Abenteurers etc. Folglich begegnen wir (auch ganz besonders im Intimkontakt) einem Bedeutungskontext, aus dem wir zu allererst die Person, die sich dahinter zeigt, herausarbeiten müssen. Der Kontext ist also eines der entscheidenden Auswahlkriterien: „Welches Lebensthema kann diese Beziehung unterstützen, erfüllen?" Dabei ist es nicht entscheidend, ob uns unsere eigene Story bewußt ist oder nicht.

Wir wählen danach, was der oder die andere repräsentiert, z.B. Freiheit, Abenteurertum, Forschergeist, künstlerischen Ausdruck, Zuverlässigkeit oder Familiensinn. Diese Bedeutungsdimension des möglichen Gegenübers können wir offensichtlich auch im ersten Moment erfassen. Somit können wir sagen, daß ein Kriterium für Erfüllung im Miteinander der mögliche Austausch und die Ergänzung von Bedeutungen ist. Die eine Partnerwahl begleitenden Projektionen sind nicht nur verblendend, sondern zeigen auch einen möglichen Entwurf von Ganzheit, der eine Sinndimension eröffnet.

In eindrucksvoller Weise hat die zentrale Stellung der Bedeutung Irvin D. Yalom in seinem Roman *Und Nietzsche weinte* geschildert. Ich empfehle die Seiten 264-276 als überzeugende Darstellung des Wesens der Tiefenpsychologie und der Macht von Bedeutungen in der Liebe. Schönheit ist ein Mysterium.

Stärker als unsere Geschichte, stärker als frühkindliche Verletzungserfahrungen, stärker als das, was ich in der Grundschule gelernt habe, stärker als jede Art meiner körperlichen Kraft oder meiner seelischen Neurosen ist die Vision, d.h. die Intention, die Richtung, die ich meinem Leben gebe.

Wenn ich in meinem Lebensprozeß nur an der Aufarbeitung vergangener Erfahrungen orientiert bin, verpasse ich es, die Zukunft schaffende Kraft der Richtung für mein Leben nutzbar zu machen. Durch das Zurückschauen kann ich zwar wichtige Behinderungen aufarbeiten, komme aber nie zu einem selbstentschiedenen und selbstgestalteten Leben. Wir sind auf einen Horizont bezogene Wesen, und wenn wir uns dessen nicht bewußt sind, nutzen wir einen Großteil unseres Potentials, unserer Kraft nicht.

Wenn unsere Aufmerksamkeit nicht in eine konkrete Richtung gelenkt ist, tauchen unzusammenhängende und auch unerfreuliche, manchmal auch deprimierende Dinge im Bewußtsein auf. Durcheinander, Hektik, Sprunghaftigkeit ist der Normalzustand des Bewußtseins. Ordnung und eine positive Grundstimmung können wir nur entfalten, wenn wir unsere Gedanken ausrichten. Wirklichkeit wird, was Gegenstand unserer Wahrnehmung wird, und das wird durch unsere Wahrnehmungsmuster bestimmt. Diese wiederum sind durch unsere Richtungsentscheidungen geprägt. „Die Summe der Dinge, denen wir unsere Aufmerksamkeit widmen, ist *unser Leben*" (Csikszentmihalyi 1995, 384).

Wir können nur andauerndes Wachsen erleben, wenn wir eine reale Handlungsmöglichkeit oder eine Herausforderung erkennen und als unsere Aufgabe annehmen. Die Bedingung dafür ist, daß wir mit einer Vision leben.

Jegliches effiziente System braucht einen geordneten Zustand. Diese Ordnung kann am ehesten durch eine Ausrichtung der Energie im System erzielt werden. Diese Ausrichtung gelingt uns mit Hilfe von Zielperspektiven.

Es lohnt sich, bei einem Paar zuerst den Sinnhorizont jedes einzelnen Partners zu untersuchen, denn dieser ist meist leichter zu erfassen:

Übung „Mein Lebenssinn"

Lassen Sie sich Zeit, sich entspannt in Ihr Inneres zu begeben, schauen Sie Ihr Leben als Ganzes an, den kleinen Jungen oder das kleine Mädchen ebenso wie den alten Weisen, die alte Weise in Ihnen, und lassen Sie Antworten kommen zu den immer wieder gestellten Fragen:
➤ Was ist mein Lebensentwurf, mein Lebenssinn?
➤ Was ist meine Aufgabe, warum bin ich hier?
➤ Was möchte ich am Ende meines Lebens sagen, wenn ich zurückblicke?
➤ Was sind meine tiefsten Werte im Leben?

Eine gute Hilfestellung hierfür ist die in meinem Buch *Der Liebe einen Sinn geben* beschriebene Übung „Die Vision vom letzten Tag meines Lebens". Aus Ihrer Intuition und durch direktes Befragen finden Sie dann heraus:
➤ Was ist der Lebenssinn meines Partners?
➤ Führt unser jeweiliger Lebensentwurf uns zusammen auf einem gemeinsamen Weg, oder streben wir unterschiedliche Ziele in unserem Leben an?

Danach kann der gemeinsame Beziehungssinn bewußtgemacht werden:

Übung „Der gemeinsame Beziehungssinn"

Sie können innerlich auf einen hohen Berg, in einen Lichttempel oder an die Quelle der Weisheit gehen und aus der Tiefe Ihres Wesens Antworten kommen lassen:

➤ Warum und wofür sind wir zusammen?
➤ Was ist das wichtigste in unserer Beziehung?
➤ Worum geht es in unserer Beziehung?
➤ Was ist die Lernaufgabe für uns in dieser Beziehung?
➤ Gibt es etwas, dem wir uns anvertrauen, etwas, das größer ist als wir beide?
➤ Was ist unsere Vision von Erfüllung in unserer Beziehung?

Diese und weitere Fragen können den Sinnhorizont einer Beziehung erhellen. Dabei ist das Aufschreiben von wesentlicher Bedeutung. „Dadurch, daß wir aufschreiben, beginnen wir Wunschbilder zu manifestieren. Aufschreiben ist immer ein Stück Manifestation. Mit dem Aufschreiben beginnen wir den Schöpfungsprozeß" (Mann 1995a, 247).

Es geht also darum, eine Zielorientierung für die Beziehung zu finden, etwas, das über den Wir-Bereich hinausweist auf einen Horizont übergreifender möglicher Erfüllung. Ich nenne es das Dritte.

Dieses Dritte können entweder Kinder oder eine gemeinsame inhaltliche Begeisterung, ein gesellschaftliches, politisches oder kulturelles Engagement, ein spiritueller oder tantrischer Weg oder die Erforschung von Lebensformen als gemeinsames Ziel dieser Beziehung oder etwas anderes sein.

Jedes Paar hat ein Drittes, nur ist es meist unbewußt, und daher wird die Energie oft nicht nutzbar gemacht. Wir können sie jedoch aktivieren.

Wir gehen auf die Suche nach einem die Liebe fördernden Dritten. Dieser Weg ist oftmals nicht einfach, denn es gibt in den meisten Menschen einen Widerstand dagegen, das Kraftpotential unserer visionären oder intentionalen Energien zu erkennen und anzuzapfen.

Der Widerstand hängt damit zusammen, daß der Schritt zu den Visionen etwas mit Selbstverantwortung zu tun hat. Vor der Übernahme von Verantwortung für uns schrecken wir in der Regel zurück. Außerdem sind unsere alten Muster in frühen Erfahrungen und Bindungen an verinnerlichte Elternfiguren verankert. Um uns von diesen zu lösen, braucht es Mut und oft auch einen Sprung ins angstmachende Ungewisse.

Die Wege zu einem die Liebe fördernden Dritten sind für alle Menschen verschieden. Wenn eine gemeinsame Sinndefinition nicht gegeben ist, geht der Weg dahin nur über den Weg nach innen. Von außen kann keine Sinngebung kommen. Sie wäre aufgesetzt und würde nicht in der Tiefe wirksam sein. Der Weg zur Erfüllung in der Liebe geht nach innen, ins Zentrum, ins Core, dorthin, wo sich die Sinndimension wie von selbst erhellt.

Aus meiner Erfahrung folgere ich: Es gibt kein Paar, das auf Dauer ohne eine gemeinsame Vision glücklich sein kann. Ohne ein gemeinsames Drittes, eine gemeinsame Richtung kann Partnerschaft nicht wirklich glückbringend sein.

Denn wir sind Wesen, die auf einen Sinn hin entworfen sind. Wir sind sinnsuchende und sinngestaltende Wesen. Wenn wir keinen Sinn in uns als Einzelindividuen oder in unserer Beziehung haben, ist das Glück instabil. Was uns wirklich beglückt, ist die *Bedeutung* unseres Lebens. So ist auch weniger wichtig, was wir erleben, sondern es kommt auf die Bedeutung an, die wir dem geben, was wir erleben.

Hinzu tritt die Erfahrung, daß sich widersprechende Lebensentwürfe im Feld einer Intimbeziehung (aber auch in Arbeitsgruppen, Betrieben, Organisationen) die eingesetzte Energie bremsen oder gar auslöschen. Dies läßt sich gut am Kräfteparallelogramm demonstrieren:

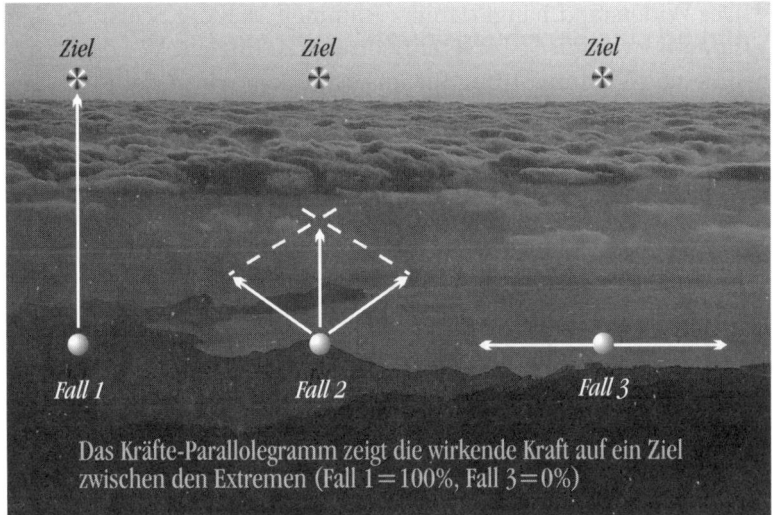

Das Kräfte-Parallolegramm zeigt die wirkende Kraft auf ein Ziel zwischen den Extremen (Fall 1 = 100%, Fall 3 = 0%)

Es besagt,

➤ daß sich bei gleichgerichteten Kräften auf ein Ziel hin die Kräfte addieren und potenzieren,

➤ daß bei auseinanderlaufenden Kräften die Gesamtwirkung immer kleiner ist als die Summe der eingesetzten Energien.

„Je mehr die Schere der eingesetzten Kräfte auseinandergeht, je größer der Winkel zwischen den beiden Vektoren, desto höher ist der Energieverlust" (Mann 1995a, 204). Und umgekehrt: Je stärker beide sich in eine gemeinsame Richtung orientieren, um so mehr potenzieren sich ihre Kräfte, um so leichter und eleganter wird ihr Leben. Die Delphinkraft kann Einzug halten.

Es gibt viele Möglichkeiten, die Visionen und die mögliche Kraft eines Dritten bei einem Paar auch spielerisch zu erkunden:

Übung „Die Beziehungsvision"

➤ Die Partner können ein Symbol für ihre Beziehung finden.

➤ Sie können der Beziehung einen literarischen Titel geben.

➤ Sie können Musik auswählen, die etwas über die Richtung ihrer Verbindung aussagt.

➤ Sie können ihre Träume beobachten und mitteilen.

➤ Sie können von den Visionen ihrer Kinderjahre berichten.

➤ Sie können Klänge und Tänze gestalten, die ihrer Vision Ausdruck verleihen.

➤ Beide können gemeinsam ein Bild malen, z.B. einen Weg, eine Landschaft oder einen Baum, und dabei ins Gespräch kommen: Was ist unser gemeinsamer Entwurf, worauf wollen wir hinaus?

➤ Was sagen diese Symbole über den Sinnhorizont unserer Partnerschaft?

Dieses Dritte wirkt wie eine Kraft auf das Wir. Genauso wie das Wir das Ich und Du umgreift und größer ist als das Ich, ist das Dritte größer als das Wir. Wie ein Vektor zieht es die Beziehung in eine Richtung, die dann die Energie gibt, über Schwierigkeiten hinweg und durch Konflikte hindurchzukommen.

Dieser Entwurf des Beziehungssinns ist jedoch nicht für alle Zeit festgelegt. Er kann sich auf eine bestimmte Phase beziehen. In einem neuen Beziehungszyklus muß eine neue Sinndefinition gefunden werden. Die neue Sinnfindung entscheidet oftmals darüber, ob eine Krise überwunden oder eine Beziehung aufgelöst wird.

Die Kräfte der Liebe und die Kräfte der Vision verstärken sich wechselseitig, und wir haben jetzt das Thema „Der Liebe einen Sinn geben" auf eine doppelte Weise erfaßt:

Die Liebe hat ihren Sinn dadurch, daß sie Grundverbindungsenergie ist. Liebe ist das, was in unserem Kern als Lebenskraft wirksam ist. Es ist Energie, die wir als Licht, als Feuer, als Herzensenergie, oder wie immer jemand das erfährt, erleben können. Das ist der Sinn, der immer schon da ist.

Der zweite Sinn der Liebe ist einer, der gegeben werden muß, den wir ihr geben müssen: Warum sind wir zusammen, wohin geht unsere gemeinsame Reise?

160

Symbolisch bedeutet die Drei oder das Dritte die Vielfalt, die Schöpferkraft, Wachstum und vorwärts gerichtete Bewegung, die die Dualität der Zwei im Wir überwindet.

Es gibt auch eine biologisch-organismische Grundlage für das Konzept vom sinnstiftenden Dritten. Wir alle sind entstanden in einem Verbindungsprozeß, sozusagen aus einer Zweiheit kam das Dritte. Und diese Energie muß, damit das Leben sich erhalten kann, weiterfließen in die nächste Generation. Wir geben diese Verbindungsenergie, aus der wir entstanden sind, an unsere „Kinder" (auch im übertragenen Sinne) weiter.

Das ist das Urmodell dieses Prinzips des Dritten.

Nun muß man, um diesen Energiefluß zu ermöglichen, nicht unbedingt biologische Kinder haben. Aber man muß „gemeinsame Kinder" haben, d.h. etwas, das man weitergibt von der Energie, aus der wir geworden sind, damit sie weiterfließen kann.

Dies wird von Rudolf Mann mit den Worten beschrieben: „Energien fließen durch Sog, nicht durch Druck. Human-Energien sind sehr sensible, empfindsame Kräfte. Sie müssen gemeinsam zum Fließen gebracht werden. Fließen-Lassen verlangt persönliche Öffnung." Neben der Öffnung ist die zweite Bedingung für das Fließen das Abfließen. „Wo etwas fließen soll, muß es auch abfließen. Wir müssen geben, um wieder empfangen zu können" (Mann 1995a, 204 f).

Letztlich bleibt der Liebesprozeß *ein Geheimnis*. Es gibt Menschen, die bringen das Unmögliche fertig, indem sie sich lieben und mitein-

ander leben, obwohl sie mit den Randschichten ihrer Persönlichkeiten nicht klarkommen. Es gibt aber auch Menschen, die lieben sich und erleben dennoch, daß ein alltägliches Zusammenleben nicht möglich ist.

Die Liebe schickt uns immer wieder auf diesen Weg vom Rand zum Kern. So können wir das, was durchscheint, durch das, was erscheint, also die Wesenserkenntnis, immer wieder neu erfahren.

Damit ist Liebe ein Weg, der nie zu Ende ist. Es bleibt ein Geheimnis, wie dieser Weg zu gehen ist. Dennoch können die hier angebotenen Landkarten dabei hilfreich sein.

18. Die Kernenergie aufspüren

Der Weg zu uns selbst führt durch die Randschichten der Persönlichkeit zum Core, zum Wesen, zum Liebesenergiezentrum.

Wenn wir still werden und zu uns kommen, können wir spüren, was wir und unser Partner wirklich brauchen. Führen wir dann in diesem Prozeß der Innenwendung unserem Körper Energie zu (siehe Kapitel 19), haben wir eine Chance, zum Wesen zu kommen und zu spüren, wer wir und unser Partner wirklich sind. In dieser Wesensbegegnung mit uns und dem Gegenüber geschieht Glücklichsein.

Eine Übung, in der wir uns mit unserem Zentrum verbinden können, ist die Core-Zustands-Übung. Connirae und Tamara Andreas (*Der Weg zur inneren Quelle*) haben mich zu dieser Übung angeregt, und sie kann – als Alltagspraxis geübt – einen deutlichen Entwicklungsschritt einleiten.

Übung „Schritte zum Core-Zustand"

Sie können diese Übung allein oder besser mit einem/r PartnerIn durchführen. Zuerst lassen Sie sich Zeit, sich ein Problem bewußtzumachen, das Sie in Ihrer gegenwärtigen Liebesbeziehung haben und das Sie in der Erfüllung des Kontakts behindert.
Schreiben Sie Ihr Verhalten bezüglich dieses Problems auf, skizzieren Sie, wann, wie, mit wem und wo Sie dieses Verhalten beobachten.

Schließen Sie die Augen und vergegenwärtigen Sie sich genau, wie es ist, wenn Sie sich so verhalten, was Sie fühlen, spüren und welche inneren Bilder dabei auftauchen.

Gibt es einen Raum in Ihrem Körper, in dem Sie diese Empfindungen besonders intensiv erleben? Dann können Sie dort eine Hand hinlegen und Ihre bewußte Aufmerksamkeit für dieses Verhalten damit verstärken.

Heißen Sie dieses Verhalten willkommen, nehmen Sie sich an dafür, daß Sie sich so verhalten, und versuchen Sie, sich selbst darin zu verstehen, daß Sie so reagieren.

Sie können sich nun fragen, was Sie damit erreichen wollen, daß Sie sich so verhalten. Schreiben Sie (oder Ihr Partner, mit dem Sie diese Übung durchführen) die Antwort auf. Dies ist Ihr erstes beabsichtigtes Ergebnis dieses Verhaltens.

Und nun kommt die entscheidende Frage: „Wenn du das, was du mit diesem Verhalten erreichen willst, erreicht hast, was möchtest du dann dadurch erreichen, das dir noch wichtiger ist? – Was ist dahinter? – Was willst du eigentlich?"

Was immer an Antwort kommt, schreiben Sie oder Ihr Begleiter diese Antwort unzensiert auf.

Dieser Vorgang wird nun wiederholt. Sie fragen immer weiter, was Sie durch das jeweilige Ergebnis erreichen wollen, wenn Sie diesen Zustand erreicht haben. Dadurch kommen Sie immer tiefer hinter die Beweggründe und kommen langsam an die Quelle Ihrer Bestrebungen, an das, was hinter diesem Verhalten liegt. Sie kommen zum Kern. Sie begegnen dem inneren Feuer.

Die Erfahrung in meiner Arbeit zeigt, daß irgendwann nach unterschiedlich vielen Durchgängen ein Zustand erreicht wird, hinter den keine Fragen mehr zurückreichen. Es entsteht ein Gefühl von: „Dies ist es, was ich eigentlich damit erreichen will, hinter dem nichts weiteres mehr liegt."

Diesen Zustand nenne ich Core-Zustand. Er wird oftmals als ein Empfinden von Einssein, als innerer Friede, als Liebe oder Seinsfühlung, als Wesensschau oder Kernerfahrung erlebt.

Ein Core-Zustand ist die tiefste Ebene dessen, was wir durch unser alltägliches Verhalten erreichen wollen. In diesem Core-Erleben entsteht eine starke Energie, die auf unser übriges Erleben ausstrahlt. Es ist jenseits unserer Gefühle und macht uns zunehmend unabhängig von unseren Gefühlen.

164

Es handelt sich dabei um einen Zustand des Seins, weniger um ein Tun oder Haben. Diese Zustände hängen nicht von anderen Menschen ab (wie z.B. geliebt werden), sie kennzeichnen auch keine spezifische Stimmung wie vertrauensvoll oder zufrieden, sondern liegen jenseits der Dimension von Gefühlen. Meist sind diese Zustände auch mit körperlichen Veränderungen verbunden: Das Atemmuster und das Tempo der Bewegungen ändern sich, die Wachheit und der Bewußtseinsraum vergrößern sich, und eine Bedürfnislosigkeit tritt ein, die mit den Worten Angekommensein, Ruhe und im Zentrum sein nur unvollkommen beschrieben werden kann.

Es können Empfindungen von erstaunlicher Energie auftreten, und es können Randschichten der Persönlichkeit und der Wesenskern gleichzeitig bewußt wahrgenommen werden. Diese starke Energie der Core-Zustände machen wir uns in dieser Übung zunutze, wenn wir nun den Weg wieder zurück zur Verhaltens- und Erlebensebene einschlagen:

Übung „Die Core-Energie ausstrahlen lassen"

Sie haben die Verhaltens- und Ergebniskette Ihres „Problems" aufgeschrieben. Bezogen auf den letzten Schritt fragen Sie sich: „Wenn ich diesem Core-Zustand in meinem ganzen Sein Raum gebe und auf das davorliegende Verhalten ausstrahlen lasse, was verändert sich an diesem Verhalten (oder Erleben)?"

Sie gehen nun Schritt für Schritt die Kette zurück und lassen die Kraft des Core-Zustands auf das jeweilige Glied in Ihrer Verhaltens- und Ergebniskette ausstrahlen, bis Sie beim ursprünglich zuerst genannten Verhalten wieder angekommen sind.

Sie lassen sich Zeit, die Veränderung dieses Verhaltens anzuschauen, und bleiben dabei in Kontakt mit dem Core-Zustand.

Im Laufe der Zeit kann Ihr Bewußtsein immer schneller die Zusammenhänge zwischen Verhalten, Gefühlen und den dahinterliegenden eigentlichen Beweggründen bis zum zugrundeliegenden Core-Zustand aufschlüsseln. Damit transformieren Sie den gesamten Kontext Ihres Verhaltens und können leichter den Abstand gewinnen, der es Ihnen manchmal erlaubt, die Energien so zu lenken, wie Sie es für Ihre Erfüllung wünschen.

19. Das Wesen erahnen

In einer sich entfaltenden Liebesbeziehung stehen wir immer in der Spannung, mehr und mehr zu Experten zu werden, die Landkarte von uns und dem anderen immer deutlicher zu sehen und gleichzeitig immer mehr in den Raum des Nichtwissens zu treten – in den Raum, in dem wir nur noch Ahnungen haben und nur noch schweigen können, demütig schweigen vor dem Geheimnis der Liebe, des Lebens und der Größe des Gegenübers. Die Demut des Nichtwissens kann sich ausdrücken in der Erkenntnis:

„Ich sehe dich, und ich weiß nichts wirklich von dir!

Ich liebe dich, und ich habe nur eine Ahnung, wer du eigentlich bist!

Ich stehe erst am Anfang dieses Forschungsprozesses:
Wer bist du? Wer *bist* du? Wer bist *du*?"

In dieser inneren Haltung können wir uns auf den Weg machen, einen Kontakt zu unserem Wesen und dem unseres Partners zu ermöglichen.

Übung „Das Wesen erahnen"

Setzen Sie sich entspannt und aufrecht vor Ihren Partner. Es ist gut, ca. ein bis zwei Meter Abstand zu wahren. Entspannen Sie Ihren Körper, achten Sie auf Ihren Atem, spüren Sie, wie die Wellen ein- und ausströmen und Ihre Wachheit mit jedem Atemzug zunimmt.
Sie haben Zeit.

Sie können den Boden unter sich spüren, wie er Sie trägt und wie Ihre Wirbelsäule aufgerichtet ist. Ihr Kopf ruht entspannt auf dem obersten Halswirbel, und Ihre Augen können leicht geschlossen sein, entspannt geschlossen und dennoch wach für alle inneren Wahrnehmungen.

Sie können sich erlauben, Ihren Partner oder Ihre Partnerin für eine Weile auszublenden und ganz nur Ihren eigenen inneren Bildern zu folgen, ganz bei sich selbst zu sein.

Laden Sie noch einmal Ihren inneren Geliebten oder Ihre innere Geliebte ein, die Sie in einer der früheren Übungen („Animus und Anima") kennengelernt haben.

Begrüßen Sie sie, und schauen Sie sich dieses „Innere Wesen" noch einmal ruhig und genau an. Das ist Ihr inneres Bild des oder der Geliebten, wie es seit langer Zeit in Ihnen lebt. Dieses Bild ist ein symbolischer Ausdruck eines Aspekts Ihrer tiefsten Seelenenergie, und dieses Bild kann Sie begleiten und schützen oder auch stören, indem es sich zwischen Sie und Ihr Gegenüber als Schleier dazwischenschiebt.

Laden Sie diese Ihre eigene innere Energie (symbolisiert durch das Bild der/des inneren Geliebten, des inneren Idealbildes) ein, sich neben Sie zu setzen, Sie auf dieser Forschungsreise als Unterstützung zu begleiten und sich nicht als Projektion zwischen Sie und Ihr Gegenüber zu schieben. Einige Worte können helfen: „Ich begrüße dich, du mein inneres Bild. Ich kenne dich und achte dich, du mein/e innerer Geliebte/r. Setze dich ruhig neben mich und unterstütze meine Wahrnehmungen, meine Wachheit und bleibe an meiner Seite."

Lassen Sie sich Zeit, zu atmen und zu genießen, daß Sie entspannt dasitzen und (zu zweit) innerlich lauschen und schauen.

Nun stellen Sie sich einen Baum vor, einen Baum, so wie Sie ihn sich wünschen, so groß oder klein, wie er Ihrer Vorstellung entspricht.

Sie sehen vielleicht den Stamm, den Ansatz der Wurzeln, die Blätter oder Nadeln. Sie wählen den Abstand zu diesem Ihrem Baum so, daß Sie ihn ganz wahrnehmen können, oder Sie gehen so nahe heran, daß Sie ihn berühren, ihn riechen können. Sie hören vielleicht das Rauschen der Blätter. Sie sehen vielleicht auch die Umgebung des Baumes, die Landschaft, in der er steht.

Wenn Sie nun damit spielen, daß Sie Ihre Wahrnehmung vom Baum zur Umgebung des Baumes hin- und herkippen, werden Sie vielleicht merken, daß Sie einmal den Baum und einmal seine Umgebung und vielleicht auch einmal beides zugleich wahrnehmen können.

Wenn Sie jetzt noch einmal auf Ihre Atmung achten und Ihren Unterkiefer noch etwas lösen, können Sie sich darauf konzentrieren, daß in der Umgebung des Baumes irgend etwas spürbar oder sichtbar oder ahnbar wird. Dieses Irgendetwas kann vielleicht seine Ausstrahlung, seine Lebendigkeit oder sein Energiefeld sein, oder wie immer Sie es nennen wollen.

Erlauben Sie sich für einige Atemzüge die Vorstellung und dann die Empfindung, daß der Baum von einem Energiefeld umgeben ist, daß der Baum ein Energiefeld hat. Manche Menschen nennen dies die Aura oder die Schwingungen des Baumes. Egal, wie wir es nennen, wenn wir uns darauf einlassen, können wir eine Ahnung davon bekommen, daß der Baum nicht an seiner Rinde aufhört, sondern sich in den Raum hinein entfaltet, gleichsam atmet. Wenn diese Vorstellung Ihnen nicht im inneren Bild gelingt, dann gehen Sie einfach einmal in die Natur und machen Sie dieses Experiment mit einem realen Baum.

Der Baum hat also ein Energiefeld.

Diese innere Wahrnehmung können wir nun umkehren: Stellen Sie sich vor: Dieses Energiefeld hat als materielle Manifestation einen Baum in seinem Inneren.

Lassen Sie sich nun Zeit, diese beiden Vorstellungen hin und her zu kippen:

➤ Der Baum hat ein Energiefeld.
➤ Das Energiefeld hat als Manifestation in seinem Zentrum einen Baum.

Beides ist richtig, und beides ist für sich allein genommen ungenau. Denn weder existiert der Baum ohne umgebendes Energiefeld, noch ist dieses Energiefeld unabhängig von dem Baum. Es sind zwar Energiefelder vorstellbar, die keine materielle Manifestation aufweisen, im vorliegenden Fall gehört jedoch beides eng zusammen, und es handelt sich um zwei Wahrnehmungsaspekte *eines* Prozesses.

Sie können sich noch Zeit lassen, die Kraft dieser „Inneren Wahrnehmung" zu spüren, und ich bitte Sie, sich dann langsam von dem Baum und seinem Feld zu verabschieden.

Während Sie atmen und Ihre innere Aufrichtung spüren und Ihre Entspannung und Wachheit weiter zunimmt, können Sie bei einem der nächsten Atemzüge ganz langsam Ihre Augen leicht öffnen und entspannt, ohne zu fokussieren, sozusagen mit weichem Blick zu Ihrem Partner hinüberschauen.

Erlauben Sie sich, mit liebevollem Blick hinüberzuschauen, ganz offen zu sein für diesen Menschen dort drüben, wie er oder sie in Würde aufrecht dasitzt und auch zu Ihnen herübersieht.

Und nun lassen Sie sich auch die Umgebung Ihres Gegenübers in sich aufnehmen, den ganzen Raum seines Körpers und des Umfeldes.

Während Sie einige tiefe Atemzüge machen, können Sie sich darauf vorbereiten, daß Ihre Wahrnehmung tiefer und offener wird, daß Ihre Wahrnehmung sich auf Möglichkeiten einstellt, die Ihnen vielleicht nicht alltäglich sind. Stellen Sie Ihren Blick auf unendlich ein (vgl. Übung „Der weiche Blick").

Schauen Sie auf das Ihr Gegenüber umgebende Feld, lassen Sie zu, sich sein Energieumfeld vorzustellen oder auch wahrzunehmen, es zu ahnen, zu vermuten, zu spüren und auch willkommen zu heißen.

Was immer Sie wahrnehmen, ist einerseits Teil Ihrer Projektionen, Ihrer inneren Vorstellungen und Vermutungen, und es kann auch eine reale Wahrnehmung einer Wirklichkeit da draußen sein.

Die skeptischen Gedanken, was denn da nun wirklich und was einge-bildet sei, können Sie nachher wieder durchdenken. Ich lade Sie jetzt ein, sich auf diese wunderliche Wahrnehmung einfach als Experiment einzulassen, daß Ihr Gegenüber von einem Feld, von Schwingungen oder Farben umgeben ist.

Ihr Gegenüber hat ein Energiefeld.

Sie können sich Zeit lassen, zu spüren, wie es Ihnen damit geht, wie Sie das empfinden und was es in Ihnen auslöst.

Nach einiger Zeit kippen Sie wieder Ihre Wahrnehmung und erlauben sich die Vorstellung, daß dieses Energiefeld in seiner Mitte als materielle Manifestation einen Menschen hat, eben Ihr Gegenüber.

Lassen Sie sich Zeit, wahrzunehmen, wie sich dieses Feld in seiner Mitte zu diesem Menschen verdichtet, wie es sich in diesem Menschen materialisiert, wie sie miteinander verwoben sind und wie sich die Kraft im Zentrum oder an einer anderen Stelle entweder verdichtet oder auf eine andere Weise schwingt.

Nach einer Weile beginnen Sie wieder, die Wahrnehmung in Ihrem Rhythmus hin- und herzukippen:

➤ Dieser Mensch hat ein ihn umgebendes Feld.
➤ Dieses Feld hat als Manifestation in seinem Zentrum einen Menschen.

Sie werden vielleicht merken, wie im Laufe der Übung Ihre Wahrnehmung deutlicher wird und daß beide Wahrnehmungen einerseits stimmig, andererseits aber auch nicht voneinander zu trennen sind. Beide Wirk-lichkeitsebenen hängen miteinander zusammen. Es scheinen nur verschie-dene Seinsweisen eines untrennbaren Prozesses zu sein.

Sie können spüren, wie diese innere Achtsamkeit Ihre Beziehung zu Ihrem Gegenüber verändert und wie es auch Ihre Beziehung zu sich selbst in ein neues Licht rückt.

Sie können das Auge für Ihre Schwingungswahrnehmung weiter öffnen, indem Sie sich auf die Mitte Ihrer Stirn konzentrieren und von dort in die Unendlichkeit blicken. So kommen zu Umriß und Oberfläche Anmut, Ausdruck, Wesen und Sein hinzu.

Lassen Sie sich Zeit, diese Veränderungen innerlich zu benennen, ihnen still Worte zu geben, diese Benennungen dann wieder loszulassen und weiter in die dahinterliegende Energie zu spüren.

Nun, im nächsten Schritt führen Sie sich vermehrt Energie zu: Atmen Sie beide noch tiefer, lassen Sie Ihre Augen etwas weiter aufgehen und öffnen Sie sich noch ein wenig mehr zu Ihrem Partner oder Ihrer Partnerin hin. Atmen Sie nur so tief, wie Sie wach bleiben können, ohne in heftige Gefühle oder Körperreaktionen zu gehen. Sobald Sie merken, daß Sie die wache Aufmerksamkeit verlieren, atmen Sie etwas weniger tief, um ganz wach in der Gegenwart und Stille bleiben zu können.

Sie können lernen, nur so tief zu atmen, daß Sie nicht von den Gefühlen überwältigt werden, und doch tief genug atmen, um sich die Energie zuzuführen, die Sie für diesen außergewöhnlichen Bewußtseinszustand benötigen. Das tiefere Atmen kann Wahrnehmungsbarrieren auflösen und nicht-sinnliche Wahrnehmungsmöglichkeiten öffnen.

Vielleicht können Sie empfinden, wie Ihre Energiefelder sich nun langsam zu verbinden beginnen und ineinander schwingen.

Wie empfinden Sie das, wenn sich Ihre beiden Felder verbinden und miteinander schwingen?

Ist es möglich? Oder stoppen Sie beide an der Grenze? Wollen Sie es zulassen, daß Ihre Energiefelder sich verbinden?

Vertrösten Sie bitte den Kritiker und Skeptiker auf später. Wir wissen, daß ein Teil unserer Bilder und Ahnungen Ergebnis unserer Projektionen sind, daß unsere Wünsche die Wahrnehmungen prägen usw.. Die Heerschar der inneren Skeptiker darf nachher wieder das Regiment führen, jetzt erlauben Sie sich, in diesen neuen und unbekannten Raum von Erfahrung zu treten und sich einfach nur davon beschenken zu lassen.

Während Sie weiter tief und entspannt atmen und miteinander schwingen, erlauben Sie sich jetzt das Ungeheuerliche: Die Umrisse der Oberfläche werden durchsichtig und sind kaum mehr zu sehen. Hinter der Oberfläche können wir das Licht, den Kern oder den inneren Diamanten des Gegenübers erahnen. Wir können uns dafür öffnen, uns vom Sein ergreifen zu lassen.

Sie können sich vom Wesen Ihres Gegenübers erreichen lassen,
Sie können sich für das innere Feuer, für den inneren Diamanten dieses Menschen öffnen,

Sie lassen zu, daß Sie eine Ahnung davon erhaschen,
was oder wie das Wesen Ihres Gegenübers sein könnte,
wer da wirklich vor Ihnen sitzt,
was Sie da von seinem Wesen berührt,
was Sie ergreift oder erschüttert,
was Sie froh und hell macht,
was Sie an Ewigem dort erahnen,
was Sie an Tiefe in diesem Herzensgrund schauen.

Sie können Kontakt aufnehmen mit Ihrem Vertrauen in Ihr innerstes Gewahrsein und (wie Sie es schon geübt haben) immer weiter und tiefer fragen:
„Wenn ich diese Schwingung jetzt so in ihrer Tiefe wahrnehme ... was ist dahinter, das ich in noch tieferer Ahnung und Achtung erkennen kann ...?"
Sie gehen in Ihrem Hinterfragen Ihrer Wahrnehmung immer weiter, so weit, bis Sie kein „Dahinter" mehr spüren und ein sicheres Bewußtsein von einem Core-Zustand bei sich und Ihrem Gegenüber erreicht haben. Vielleicht treten Sie in einen Raum, in dem es keine Worte mehr gibt, in dem es vielleicht auch keine Bilder mehr gibt, nur noch ein Angerührt-Sein, nur noch das Spüren einer eigentümlichen Energie, die alle Worte übersteigt.
Es ist gut, sich Zeit zu lassen, diesen Kontakt zum Wesen des Gegenübers durch Atmung und wache Präsenz zu genießen. Der feine Unterschied zwischen kritischer Skepsis und wohlwollendem Weiterfragen ist hier eine gute Unterstützung:
➤ Bin ich im Kontakt mit dem Wesen meines Partners/meiner Partnerin?
➤ Was berührt mich an dieser Ahnung ihres Kerns?
➤ Was spüre oder verstehe ich tiefer in diesem Raum des Miteinanderschwingens der Herzen?
➤ Was scheint durch, durch das, was erscheint?
➤ Wenn ich durch die äußere Grenze hindurchblicke, was blickt mich an?
➤ In der Tiefe seines/ihres Wesen – was ist da?
➤ Wenn ich mich auf die Möglichkeit einlasse, daß er oder sie ein geistiges Wesen ist, was nehme ich wahr?
➤ Bewußtsein, Seele, Geist ... was schwingt in mir, wenn ich mein Bewußtsein zu meinem Gegenüber hin ausdehne?
➤ Wie ist es, wenn ich mich wirklich ausdehne und mich einlasse auf dieses Sein meines Gegenübers?

Wenn wir nicht einfach im stillen Schauen ruhen können, halten solche Fragen uns im Kontakt mit dem numinosen Aspekt dieses Geschehens.

Sie können nach einiger Zeit die Übung ausklingen lassen und sich ausruhen, einfach miteinander liegen und atmen. Wenn Sie noch Kraft haben, können Sie auch weiterarbeiten:

Lassen Sie nun Ihr Bewußtsein sich noch weiter ausdehnen. Wenn noch weitere Menschen im Raum sind, dehnen Sie Ihr Bewußtsein auf diese aus oder auf die Nachbarn in den Nachbarwohnungen, Häusern, den nächsten Straßen und der ganzen Stadt. Ganz allmählich dehnen Sie Ihr Bewußtsein auf alle Menschen aus und können auch die Tiere und Pflanzen, Meere, Erde, Wind und Feuer mit hinzunehmen.

Alle diese Wesenheiten sind reale Manifestationen eines Energiefeldes, und andererseits konstituieren sie ein Energiefeld um sich. Immer sind beide Wahrnehmungsrichtungen bedeutsam.

Sie können nun Ihr Bewußtsein oder Ihr Feld oder Ihr Wesen, wie immer Sie es jetzt gerade nennen, mit diesen anderen Wesenheiten verbinden und erahnen, daß wir alle in einem großen Gewebe miteinander verbunden sind und miteinander (oder auch gegeneinander) schwingen, jedenfalls vernetzt sind.

Unser Bewußtsein hat keine Grenzen.

Nun nehmen Sie wahr, daß Ihre Stimmbänder die Manifestation Ihrer Stimmbandenergiefelder sind. Diese Ihre Stimmbandenergiefelder schwingen immer schon, sie sind jedoch auf dieser Frequenz für unsere Ohren nicht hörbar.

Lassen Sie sich nun Zeit, ganz Ohr zu werden und aufmerksam zuzuhören, was geschieht, wenn Sie irgendwann bei einem der nächsten Atemzüge damit beginnen, Ihre Atemluft an den Stimmbändern vorbeifließen zu lassen.

Symbolisch gesprochen könnten wir sagen: Durch dieses bewußte Hinlenken des Atems werden die schon vorhandenen Schwingungen hörbar gemacht. Ohne Anstrengung lenken Sie Ihren Atem zu diesem wunderbaren Organ, das darauf wartet, seine Schwingungen durch das Zuführen von Atemenergie hörbar zu machen.

So entsteht nun Ihr eigener Ton, und während Sie miteinander schwingen und tönen, genießen Sie noch einmal das Miteinandersein Ihrer Wesen.

Während Sie tönen, vermag Ihr Bewußtsein vielleicht auf beiden Ebenen gleichzeitig präsent zu sein und die Manifestation des Feldes, das Wesen und die Erscheinung wahrzunehmen und … zu Hause anzukommen.

Eine schwierige Herausforderung kann in dieser Übung entstehen: Sie können vielleicht eine Ahnung oder Erkenntnis von der Sterblichkeit des Ego, des weltlichen Ich bekommen und vielleicht Angst oder Abwehr dagegen empfinden. Diese Konfrontation mit der Sterblichkeit des Ego kann uns erschüttern, bedrohen. Wir reagieren dann vielleicht mit Festhaltenwollen oder Panik.

Dies sind Erfahrungen, für die ich nicht im Vornhinein Empfehlungen geben kann, außer, daß Ungeübte diese Meditation am besten in Begleitung einer Vertrauensperson machen. Hier sind wir mit unserer Sterblichkeit konfrontiert und somit zutiefst mit unserer Begrenztheit und dem Alleinsein. Wir können jedoch tiefer vordringen und hinter der Sterblichkeit des Ego Kontakt zu unserem Urgrund und unserer Verbindung mit dem großen Ganzen aufnehmen. Dort können wir in besonderen Momenten eine Art Ganzheit, Identität oder Energie erfahren, die ahnungsweise schon vor unserer Geburt existierte und auf eine geheimnisvolle Weise von unserem Körper unabhängig ist.

Gleichzeitig können wir eine Öffnung in unserem Körper spüren, durch die Energien zu fließen scheinen. Eine besondere Leichtigkeit und Mühelosigkeit oder auch Stabilität, spontane Energieschübe die Wirbelsäule hinauf oder ein feines Kribbeln im ganzen Körper oder auch Schauer von Lust, Ekstase, Erkenntnis und Verschmelzung mit dem Sein können diese Öffnungsprozesse begleiten. Die zahlreichen dabei möglichen Erfahrungen werden genauer u.a. bei Ken Wilber (1996), Stan Grof (1987) und Frauke Teegen (1985) beschrieben.

Diese und ähnliche Übungen sind Wege zur Begegnung mit dem inneren Sein oder Feuer. Der Sinn, sich von der Lebenshaltung her als Übender zu begreifen, liegt nicht darin, ein größeres Wissen oder Können anzuhäufen, sondern in der „Verwirklichung eines höheren Seins. Es geht in der Übung auf dem Weg um die allmähliche Entwicklung einer Verfassung, in der der Mensch seiner höchsten Bestimmung genügen kann, das in seinem Wesen anwesende göttliche Sein offenbar werden zu lassen in der Welt" (Dürckheim 1994, 105).

Hier ist „immer das Wesen am Werk, im Streben aus seiner Verhüllung heraus ins Licht des menschlichen Erkennens und Handels zu kommen. Im Grunde ist dieser Drang des Lebens ans Licht die zentrale Triebkraft alles menschlichen Lebens überhaupt. ... Die

Übung *erzeugt* nicht die Erfahrung des Seins, sie macht nur für sie bereit. ... Üben bedeutet letzten Endes nur: Lernen, die Bedingungen zu schaffen, unter denen eine immanente Seinswirklichkeit, das ‚Wesen', hervorkommen und seine Welt-Gestalt gewinnen kann" (Dürckheim 1994, 106).

Diese Bereitschaft, sich vom Sein ergreifen zu lassen, ist das Höchste, was der Mensch in der Übung zu erreichen vermag. Sie ist ein Loslassen des Gewordenen und das Eintauchen in jene Mitte, die die ursprüngliche Einheit des Seins verkörpert.

Das Wesen ist die eigentliche Wirklichkeit. Die äußere Erscheinung ist jedoch nicht bloß Schein, sondern gerade Verwirklichung des Wesens.

Das Persönlichste, das Lebendigste in uns ist etwas, das wir alle miteinander teilen. In diesen wachen Momenten des unmittelbaren Gewahrseins können wir uns bewußt sein, wie Maslow sagt, „daß wir etwas teilen, das jedem menschlichen Wesen eigen ist. In diesen Momenten sind wir am lebendigsten. In unseren lebendigsten Momenten sind wir eins miteinander."

VII.
Zusammenfassung

20. Das Heilsame in Beziehungen leben

Die Frage, was in Beziehungen heilsam und erfüllend ist, stelle ich in meiner Arbeit mit Paaren immer wieder. Auch in der Gruppen- und Einzelarbeit ist dies ein wichtiges Thema. Weil wir daraus für die therapeutische Arbeit und auch für unser alltägliches Beziehungsleben viele nützliche Hinweise erhalten können, habe ich meine KlientInnen befragt: „Was war heilsam in deinem therapeutischen Prozeß?"

Ich bekam viele Antworten, teilweise auch von KlientInnen, deren Therapie schon mehrere Jahre abgeschlossen war, und ich freue mich, Ihnen einige Auszüge aus dieser Untersuchung hier wiedergeben zu können. Ich glaube, dies wirft einiges Licht auf unsere Gestaltungs- und Entwicklungsmöglichkeiten in Beziehungen.

Ich beschränke mich in meinen Überleitungen auf das Nötigste und will hauptsächlich die Befragten selbst in ihren eigenen Formulierungen zu Wort kommen lassen.

Die Antworten ließen sich in zehn Bereiche gliedern:
1. Berührung
2. Wärme
3. Akzeptanz
4. Körperlichkeit
5. Konfrontation
6. Mut zum Unbekannten
7. Initiation
8. Integration/Verstehen
9. Vernetzung
10. Erkenntnis

1. Berührung

Berührung scheint eine grundlegende Wirkkraft von Heilung zu sein. Wichtig ist, daß Berührungen sehr vorsichtig geschehen, da viele Menschen auf dieser Ebene verletzt sind und Berührungen Ängste auslösen können, wenn sie nicht fein darauf abgestimmt sind, was dem Gegenüber möglich ist, zuzulassen und anzunehmen. Als eine Übung hierzu wurde erinnert:

Im Raum sind verschiedene Bereiche für unterschiedliche Nähegrade eingerichtet, und die GruppenteilnehmerInnen können jeweils entscheiden, in welchem Raum sie wieviel Nähe auszuhalten oder zu genießen bereit sind.

Diejenigen, die nicht viel Nähe aushalten können, zu achten und wertzuschätzen und sie in diesem Raum zu lassen ist eine wichtige Form von Respekt.

„Die Erfahrung von ‚heilsam' hat sehr viel mit lassen zu tun. Ich meine damit, daß da niemand etwas mit mir gemacht hat, insofern eine Berührung nicht etwas ‚Gemachtes' sein kann. Mir fällt dazu eine Situation aus meiner ersten Zeit in der Gruppe ein, als E. und A. sich etwas wünschen durften. Sie wünschten sich ein großes Gruppenkuscheln. Du machtest daraufhin den Vorschlag, eine Mattenreihe auszulegen, an deren einem Ende alle ganz nah sein konnten und am anderen Ende weiter voneinander entfernt und dazwischen die Zwischentöne. Natürlich dauerte es nicht lange (und das mir zum Grauen), daß sich die ganze Gruppe am oberen Ende befand, mich ausgeschlossen.

Ich sehe mich noch unten liegen, von oben ein zufriedenes Glucksen und Lachen. In angemessener Distanz legtest du dich in meiner Höhe auf die Matte. Das hat mich berührt. Mir war in diesem Moment deutlich, was ich nicht konnte, was noch zu lernen sein würde und wie dabei eine Unterstützung aussehen könnte. Das war natürlich nur der Anfang von Berührungen, die ich dann mehr und mehr zulassen und in mein Leben mitnehmen konnte."

Berührung als Unterstützung im Kreuzbein bei Auseinandersetzungen, Berührungen des Herzens bei schwer zu ertragenden Gefühlen, Berührungen im Nacken bei Trauer oder Berührungen am Bauch bei Wut sind Möglichkeiten der Unterstützung in einen Fluß des Ausdrucks hinein.

„Bei Berührungen nur das zuzulassen, was ich wirklich will, konnte ich durch die Erlaubnis, daß ich jederzeit Grenzen setzen darf, lernen. Auch bei Kritik meiner Partnerin nur das reinzulassen, was ich wirklich brauche, diesen Selbstschutz, diesen Filter bewußt zu erlauben war wichtig. Damit habe ich gelernt, zu sortieren: Was verletzt mich und gehört mir nicht, was ist wahr für mich, und was kann ich davon gebrauchen? Ich darf mich schützen, und ich darf mich aufmachen. Dieses UND macht mich beweglich im Kontakt, und ich kann so besser zuhören."

„Gruppentherapie ist eine geniale Idee. Die Gruppe ist heilsam als ganzes Organ, als schützende Eltern (berührend, nährend, fürsorglich, anteilnehmend und liebevoll unterstützend), aber auch herausfordernd und fordernd. Die Personen in der Gruppe spiegeln die Welt und die Menschheit in ihrer Vielheit in einem Ausschnitt. Der Wechsel zwischen Einzel-, Partner- und Gruppenarbeit bedeutet immer wieder einen Wechsel der eigenen Sichtweise und des eigenen Involviertseins."

2. Wärme

Viele Berichte nennen die Erfahrung von Wärme als eine wichtige Vorbedingung für Öffnung in ihrem Erleben und als die Grundlage dafür, daß sie alte Muster „abschmelzen" konnten.

Einige beschreiben Wärme als vorausgehenden Kredit: „Du wirst schon gut sein." Sie ist damit dem unbegründeten Vertrauen, der Annahme ohne Vorbedingungen sehr verwandt und wird erlebt als ein wirkliches Bemühen, das Gegenüber in seinem Sosein anzunehmen. Wärme wurde als etwas Aktives charakterisiert.

„Wärme und Vertrauen hat für den Erwachsenen auch mit Entscheidung zu tun und ist nicht irgendwie schicksalhaft gegeben."

„Die erhaltene Wärme konnte ich verinnerlichen, mitnehmen, mir selbst zukommen lassen und von dort wieder an andere verteilen. Einmal also auf einem gewissen Stand angekommen, kann sich die Wärme wieder selbst vermehren und verteilen. Sie gehört dann auch einem neu enstandenen selbstheilenden Prozeß an, den ich in mir tragen kann."

„Ich glaube, daß Geben-Lernen im Prozeß der Heilung eine wesentliche Rolle spielt. Es entwickelt sich daraus eine neue stabilere Struktur im Inneren. Dies kennzeichnet so etwas wie die Reife einer Entwicklung. Dem voraus muß aber die Fähigkeit zu nehmen gehen, da sonst sich nur so etwas wie ein ruinöser Altruismus bildet."

„Zu meinen Jahren in der Gruppe fällt mir der Begriff ‚Verbindung‘ ein – ich habe mich verbunden und verbunden gefühlt. Dadurch, daß wir uns so oft gegenseitig in den Übungen begleitet haben, habe ich viel gelernt. Wenn ich jetzt Kompetenz in Begegnungen spüre, dann kann ich sagen, daß ich das dadurch gelernt habe, daß ich so oft andere durch ihre Krisen und Schmerzen und Freude begleitet habe. Und auch selbst oft erlebt zu haben, daß andere für mich da sind und ich z.B. beim Geburtswochenende von der Hebamme und den Eltern freudig begrüßt wurde und dann die warme Flasche bekommen habe – und Mama ganz für mich allein hatte – das war heilsam."

„Ein wesentlicher Durchbruch war für mich die Übung, bei der wir mit rotem Heftpflaster alle Wunden und Verletzungen unseres Lebens auf unserem Körper markieren sollten. Mein Weg dabei durch das Selbstmitleid hindurch zur Trauer bis hin zum Akzeptieren meines Lebens, so wie es ist, war ein Loslassen der alten Vorwürfe und Schmerzen und ein tiefes Ankommen im Jetzt."

„Wichtig war für mich in der Ostergruppe die Gestaltung unseres persönlichen Kreuzwegs. Die wesentlichen Szenen unseres persönlichen Leids im Raum zu markieren und Symbole dafür zu finden und dann mit der Gruppe zusammen diesen „Kreuzweg" in Respekt und Würde abzugehen gab mir die Möglichkeit, eine heilsame Distanz zu diesen Erfahrungen aufzubauen."

3. Akzeptanz

Akzeptanz als liebevolle Hinwendung ohne Vorbedingung wird von mehreren, die ihren Heilungsprozeß beschreiben, als notwendig – verbunden mit ehrlichem *Interesse* – angesehen: „Nur wenn jemand mir sein ehrliches Interesse zeigt, wird seine Akzeptanz wertvoll."

Das gemeinsame Üben in Achtsamkeit wird als wichtig betont. „Jedes zarteste Pflänzchen, der kleinste innere Grashalm, das leiseste Stimmchen wird beachtet. Es verdient Achtung, Liebe, Hege und Pflege. Dabei ist das individuelle Wachstumstempo ein hohes, schützenswertes Gut."

Als wichtige Erfahrung in diesem Bereich berichtete eine Teilnehmerin, daß „ich mir aussuchen durfte, wie ich sein wollte. Nicht nur, daß ich sein durfte, wie ich war, nein, darüber hinaus, ich durfte selbst wählen: Wer und wie will ich überhaupt sein? Hand in Hand damit konnte ich die Fähigkeit entwickeln, mich selbst zu akzeptieren, womit sich wieder ein selbstheilender Effekt einstellte. Denn immer, wenn ich es schaffe, einen anderen anzunehmen, und damit beginne, die richtige Distanz zu finden, beginne ich mich in einem eigenen Aspekt (neu oder alt) zu finden und zu akzeptieren. Daraus bildet sich eine heilende Struktur, die nun ihre psychische Arbeit aufnehmen kann."

„Vor allem waren für mich die vielen Möglichkeiten heilsam, einfach etwas ausprobieren zu können und zu dürfen. Spielerisch mein Verhalten auszuloten, herumzuspinnen und so auf wirklich neue Ideen zu kommen half mir, aus meinen alten Mustern herauszukommen."

„Gerade auch in den dunklen Seiten mich angenommen zu sehen, zu spüren, daß meine Gewalttätigkeit nichts Abstruses, sondern auch den anderen etwas sehr Bekanntes ist, hat mir geholfen. Ich hielt das Schwert in meiner Hand und spürte meine Gewalt – und sah mich nicht ausgeschlossen, sondern auch so zu den Menschen gehörig."

„Zu erfahren, daß ich das Böse in mir nicht töten muß, sondern ‚begrüßen' kann, daß ich es als meines annehmen und in Kraft umwandeln kann, hat mir eine große Ehrfurcht und Achtung vor meinem Menschsein gegeben."

„Ja, und dann noch die von mir so erfahrene Entlastung von Schuld, insbesondere in der Geschlechterbeziehung, und deren Verwandlung in Verantwortung war sehr wichtig für mich. Ich denke, erst so kann ich wirklich lieben und meine Beziehung zu A. tatsächlich leben."

„Ich habe lange darunter gelitten, daß ich als Kind nicht erwünscht war. Für mich war in diesem Therapieprozeß die Erfahrung erstaunlich, daß ich mir jetzt aussuchen kann, ob ich mich erwünscht fühle oder nicht. Und ich mache nun wirklich diese Erfahrungen, daß Begegnungen anders laufen, wenn ich mir Leute aussuche, bei denen ich erwünscht bin."

„Die Geborgenheit in der liebenden Anteilnahme der Gruppe war sehr heilsam. Die Erfahrung, nicht immer bewerten zu müssen und bewertet zu werden, war eine Befreiung."

„Wichtig war die Erlaubnis, nicht auf eine bestimmte Weise sein zu müssen, mein eigenes Tempo zu haben, meine Bedürfnisse zu achten, mich nicht gepuscht zu fühlen."

„Auch wenn es am Anfang schwer war, wenn du mich unterbrochen hast, wenn ich zu sehr in mein Leid abgehauen bin, war es dennoch eine heilsame Erfahrung, hinter dieser Grenzsetzung die Akzeptanz zu spüren."

4. Körperlichkeit

Die Körperlichkeit (ähnlich der Berührung) wird von vielen als verletzliche Dimension beschrieben. Es sei kein leichter Weg, einen körperlich orientierten Heilungsweg einzuschlagen.

Erleichtert wird diese Zuwendung zur Körperlichkeit durch die Erfahrung, daß Heilung Spaß machen darf, daß Heilen warm, lustig und fröhlich sein darf.

„Wichtig waren für mich alle Übungen und Hinweise, gegen den Sog, zu kollabieren oder aufzugeben oder mich hängenzulassen, anzugehen. U.a. auch diese einfachen Übungen zum Stehen, einfach nur Stehen und es auszuhalten, daß ich stehe und nicht falle, auch wenn jemand mir entgegentritt, sei es real als Gegenüber oder in einem inneren Bild, z.B. meine Mutter.

Vorher hatte ich oft Angst, daß ich einfach aufhöre zu atmen, daß ich nicht mehr weiterkann, aber durch den Ausdruck meiner Kraft, durch das Atmen, Tönen, Stampfen und die Bewegung konnte ich meine Stärke zunehmend spüren. Es war wie ein allmählicher Sieg des Lichts und eine wachsende Lust am Lebendigsein. Dabei war immer wieder die grundlegende Erfahrung für mich: Tod und Leben gehören zusammen, es ist alles schon immer da in mir, und ich bin angekommen. Hell und Dunkel darf sein, es gibt immer ein UND. In diesem Stehen und Bewegen, in diesem mich Spüren konnte ich erfahren, daß ich wertvoll bin, einen Stand hier in der Welt habe und in mir genügend Unterstützung finden kann für meine Begegnungen. So konnte ich ruhig werden und loslassen."

„Durch die feinen Spürübungen konnte ich meinen Körper als mein Zuhause in dieser Welt annehmen. Das hat mein Verhältnis zu meinem Körper sehr verändert."

„Sich gegenseitig in die Augen zu schauen, die Wirklichkeit und die körperliche Existenz des Partners anzuschauen hat mir sehr geholfen, meine Projektionen zu erkennen. Und wenn wir uns in der Paararbeit stritten und ich kaum etwas herausbrachte, war mir wichtig, daß jeder Partner von einem anderen Menschen unterstützt wurde, ‚hands on‘, sozusagen, daß ein Dritter uns den Rücken stärkte. Ich stelle immer wieder fest, daß durch diese Rückenstärkung die Aussagen ehrlicher wurden."

„Wieder in den Körper zu gelangen ist für mich gleichbedeutend mit Gesundheit. Es bedeutet ein wohliges Gefühl von Zuhausesein, von Sicherheit und Genügsamkeit. Es ist alltäglich und zeitübergreifend. Ich bin regelrecht in dem Gefühl zu Hause, Zeit zu haben, Zeit und Raum zu sein. Diese Erfahrung möchte ich nicht mehr nur als heilsam beschreiben, denn sie weist gewissermaßen schon darüber hinaus. Sie ist mehr schon das unmittelbare Produkt von Heilung, die sich in den anderen genannten Punkten vollzogen hat. Sie scheint zu sagen: ‚Ich bin hier‘."

5. Konfrontation

Ein ehrlicher Spiegel zu sein bringt manchmal mit sich, daß wir unser Gegenüber mit unangenehmen Beobachtungen konfrontieren müssen. Konfrontation sollte jedoch in der Arbeit mit Menschen und auch in persönlichen Beziehungen immer vorsichtig und auf der Grundlage von wärmender Akzeptanz geschehen, damit eine Basis vorhanden ist, auf der die schmerzhafte Rückmeldung genommen werden kann.

Konfrontation kann helfen, aus alten Mustern herauszuspringen, kann unerwartete und plötzliche Wendungen erkennbar machen. Das Schockartige an diesem Spiegel kann öffnen, und zwar am besten, wenn es mit einem Lachen oder Schmunzeln über sich und die Welt verbunden ist.

„Am Anfang war es nicht leicht anzunehmen, wenn du mich konfrontiert hast, daß ich zu sehr in mein Leid geflüchtet bin. Deine Klarheit und Gegenwart hat mir aber gezeigt, daß du trotzdem nicht weggehst."

„Dein klares ‚Nein' in manchen Situationen hat mir geholfen."

„Auch wenn du mal lauter und heftiger wurdest, das war zwar schwer, aber doch heilsam. Auch konnte ich dann den Menschen hinter dem Therapeuten sehen. Das hat mir die Beziehung zu dir leichter gemacht."

„Ich hatte immer Angst vor Grenzen, Kritik und Auseinandersetzungen. In der Gruppe habe ich erfahren, daß dies liebevoll geschehen kann und mich nicht umbringt. Ich lebe noch, auch nach einem Konflikt."

„Durch dein teilweise witziges und entwaffnendes Konfrontieren mit meinen Nebelseiten, wenn ich was nicht sehen wollte, habe ich gelernt, Sachen auch mal leichter zu nehmen, nicht so verbissen ernst. Und das war heilsam."

6. Mut zum Unbekannten

„Am wichtigsten auf diesem Weg der Heilung war mir die Atmosphäre des Experimentes, daß wir immer wieder eingeladen wurden, etwas auszuprobieren, daß Spontaneität, ohne zu wissen, wo es hingeht, erlaubt war und daß es keinen vorgeschriebenen Weg und keine festgelegte Methode gab."

„Dieser Mut zum Risiko, der Humor, der direkte einfache Kontakt machte den oft unglaublich unbekannten Weg glaubwürdig. Und mir wurde klar: Es gibt nicht nur den Weg des Schmerzes."

„Beglückend die Erfahrung, daß ich am Anfang eines Experiments nicht wissen muß, wie es ausgeht, daß ich am Anfang eines Satzes nicht wissen muß, wo er mich hinführt, und daß ich auch nicht wissen muß, wie alles zusammenhängt und wo es endet. Ich kann einfach anfangen, es entwickelt sich."

„Es war aufregend und spannend, einen Satz einfach mal auszuprobieren. Das Experiment war dabei, zu spüren, wie dieser Satz klingt. Zuerst war ich mir nicht sicher, ob er wahr war oder nicht. Doch im Aussprechen wurde mir immer deutlicher, was ich wirklich meinte."

„Mich im Tanz des eigenen Monsters auf dieses unbekannte Wesen in mir einzulassen war zuerst schwer. Doch die Erkenntnis anschließend, daß *ich* das Monster, der Horror und die Depression *bin*, sie sozusagen hausgemacht sind, begeistert mich noch heute. Es ist nicht die große dunkle Wolke außen, sondern *ich* mache diese Zustände und nicht sie mich. Wenn ich sie selbst mache, kann ich sie auch wieder abstellen oder verändern."

7. Initiation

Heilende Impulse können durch rituelle Formen der Begegnung in Gang gesetzt werden. Das gemeinsame Gestalten archetypischer Muster und Symbole, das Anbieten von Durchgangspforten und

Herausforderungen wird oft auch nach langer Zeit erinnert und in den Berichten beschrieben:

„Es gab Situationen, in denen ich brennend die Notwendigkeit spürte, nicht nur loszulassen, nein, mich loszureißen und zu stehen. Ich war oftmals durch eine Situation gezwungen, Stellung zu nehmen, Partei für mich zu ergreifen oder andernfalls fortgespült zu werden."

„Heilsam war für mich, daß ich durch die Arbeit in der Gruppe in die Tiefe meiner Angst geführt wurde. Während einer Atemarbeit fiel ich in eine grauenvolle Angst und versuchte, mich an ihren Kern zu atmen. ‚Zeig mir dein Gesicht!' war mein Satz. Ich spürte eine unendliche Bedrohung und meine Wut darüber. In meiner Erinnerung war diese Phase der Angst, des reinen Empfindens der Angst, zeitlich sehr lange. Da waren aber auch B. und H., jeder an einer Hand, als guter Vater und als guter Bruder, die mir als kleines Mädchen so gefehlt haben. Und die Angst hat sich aufgelöst."

Als wesentliche Erfahrung wird die Initiation in verschiedene Seinsbereiche beschrieben. Durch Meditationen und Tiefenatmungsreisen (siehe: „Der Liebe einen Sinn geben") können wir mit verschiedenen Schichten des Seins in Fühlung kommen:

„Ich erfuhr in den Atemreisen, wie es ist, loszulassen. Dies hat mir ein völlig neues Gefühl zur Welt gegeben. Ich habe keine Angst mehr vor dem Tod."

„In dieser Arbeit erfuhr ich, daß ich nicht mehr Opfer bin, sondern die Verantwortung für mein Leben trage. Alte Schmerzen können heilen. Ich begegnete tief innen dem Berg der Angst und konnte ihn umschiffen. ‚Heute nicht', sagte ich zu der Angst, und dies war möglich, weil sie mir so sehr vertraut war aus den vielen früheren Begegnungen. Den Berg der Angst sehend, konnte ich mich entscheiden, da jetzt nicht hinzuwollen. Ich reiste in das Land des bloßen Seins, des ‚es ist'. Da gibt es keine Gedanken, keine Gefühle, nur Sein. Das war viel und wollte verdaut werden, und es war unendlich heilsam."

„In diesen Erfahrungen spüre ich: Ich habe meinen eigenen unendlich weiten Ort der Sicherheit in mir. Ich kann mich selber schützen. Diesen Bereich kann mir keiner zerstören oder nehmen. Er ist für immer."

„Ich habe in den späteren Phasen des Prozesses, nachdem mein Lebensgrundgefühl immer eines von Verlorenheit, Geworfensein und Ausgeliefertsein war, erfahren, daß es eine Geborgenheit im großen Ganzen gibt, eine Weite, die nicht ängstigt, einen Grund, der trägt. Rhythmus, Pulsation, Fließen als Grundprinzipien von Leben, bei sich sein und eins sein mit allem, Verbundenheit ... Ich spüre eine tiefe Dankbarkeit für diese Erfahrungen, für die meine Worte hier sehr unzulänglich sind, und Dankbarkeit für die entdeckte Spiritualität, die eine Quelle ist, aus der ich reichlich beschenkt werde."

8. Integration/Verstehen

Das Verstehen des Gegenübers und des gegenwärtigen Kontaktgeschehens, das Verstehen meines Lebensentwurfs, meiner Symptome, meiner Schmerzen und Glücksempfindungen wird immer wieder als wesentlich für den Heilungsprozeß genannt.

„Ich glaube, ich war immer nur dann zu wirklicher Veränderung bereit, zu wirklichem Abschluß mit einer Situation, wenn ich verstanden hatte. Verstehen schließt den Vorgang ab, macht ihn rund und komplex. Danach kann eine neue Ebene betreten werden."

„Wir brauchen unsere Fähigkeit, Ordnung zu schaffen, genauso, wie wir das Chaos brauchen. Nur verstehen alleine ist nichts ohne die anderen Vorgänge als Grundlage; also ohne die wirkliche Erfahrung der Körperlichkeit, ohne das Erleben der emotionalen Realität gibt es nichts zu verstehen."

„Was mein Verstehen vertieft hat, war die Orientierung am Bild der Spirale. Damit war mir die Möglichkeit gegeben, Zyklen und Stimmungen mehrmals zu durchlaufen und dabei die Erfahrung zu machen, daß sich die Spirale aufwärts entwickelt oder jedenfalls zu mehr Verstehen und Stimmigkeit. Auch wenn ich oft aufgeschmissen war, wenn ich Rückschläge durchmachte, konnte ich durch die einordnenden Landkarten der Spirale immer wieder aus der Panik herauskommen. Ich verlor so die Angst vor der Einsamkeit immer mehr und konnte das All-Eins-Sein und das Mit-mir-Sein immer mehr genießen."

„Die Arbeit mit verschiedenen Medien hat mich oft gerührt (z.B. das Formen unseres Babys in Ton). Die angeleiteten Phantasiereisen haben mir geholfen, Bilder für meine Gefühle , Erfahrungen und für meine Innenwelt zu finden, sie damit spürbar werden zu lassen und zu verstehen. Dieser Bebilderungsvorgang ist für mich ein wesentlicher Teil des Heilungsprozesses, und er ist weiterhin sehr aktiv. Die Bilder und Symbole, die in mir aufsteigen, rühren mich oft, viele sind aber auch schrecklich und abstoßend. Wenn ich mich traue, sie anzuschauen und ihnen Raum zu geben, entwickeln sich von ganz alleine kleine Geschichten und Abenteuer mit ganz erstaunlichen Wendungen. Das ist sehr heilsam."

„Heilsam war für mich die Aufgabe, meinen Wachstumsprozeß in meinem Leben und in der Therapie auf eine lange Tapetenrolle zu malen. Ich konnte dadurch Distanz zu den einzelnen Ereignissen schaffen, mich sehr klar sehen und viel Liebe und Verständnis für mich entwickeln. Da war auch ein befreiendes Lachen möglich."

„Und was mir auch zum Verstehen geholfen hat, war unsere Arbeit an unserem Lied, das aus einem assoziierten Text entstand. Für mich war es heilsam, weil ich dadurch an meinen Satz kam: ‚Gut und Böse gehen Hand in Hand.‘ Damals war es die Zeit, in der ich nur gut sein wollte. Dieser Satz gab mir den Mut, mich in meiner Ganzheit annehmen zu können. Ich spürte, daß er aus meinem tiefsten Inneren gekommen war, um mich vor mir selbst zu schützen. Das ganze Lied war eine einzige Aufbruchmelodie, die ich tanzen, malen, singen und spüren konnte. Und es gab keinen Zweifel: Sie kam aus mir heraus. Diesen Satz dann noch in Töne zu kleiden, ihn den anderen vorzustellen, zu wagen zu singen, war befreiend und sehr heilsam."

„Wichtig war für mich die ‚Erlaubnis‘ des UND. Damit verbunden die Erkenntnis, daß jeder Mensch widersprüchlich ist (und dies nicht nur meiner Launenhaftigkeit entspringt), daß das menschlich ist und uns als Menschen ausmacht."

„Ich erkannte die Wichtigkeit von scheinbaren Banalitäten wie z.B.: ‚Aussprechen schafft Realität.‘ Ich erkannte, daß die wirklich wichtigen Dinge des Lebens scheinbar banal sind. Dadurch verliere ich Scham – es funktioniert."

„Dann gab es noch diese Übung, in der wir ‚Distanz und Nähe‘ zum Partner erfühlen konnten. Bei mir zeigte sich, daß zwischen mir und

meinem Partner in einigen Aspekten ein Graben war. Heilsam war
dabei für das Zulassen des Trennenden, es ohne Schuld wahrnehmen
zu können und anzusehen. In diesem Graben Schutz, Trennung *und*
Verbindung sehen zu dürfen war heilsam."

„Die Erkenntnis war heilsam, daß ich nicht ‚schuld bin', meine Verletzungen nicht ‚verdient' habe, weil ich ein so schlechter Mensch,
ein so schlechtes Kind bin. Ausschlaggebend für diese Erkenntnis ist
die Gruppe. Dort habe ich erfahren, daß meine Verletzungen gar
nicht so einzigartig sind, wie ich glaubte, und daß viele Menschen
Verletzungen in sich tragen. Das Erkennen der Schuldlosigkeit bei
anderen führte langsam, sehr langsam zum Annehmen meiner eigenen Schuldlosigkeit."

9. Vernetzung

Vernetzung ist ein innerer und äußerer Prozeß. Vernetzung geschieht im Inneren als Entwicklung von Körpersensibilität und Spürbewußtsein und im Äußeren als Aufbau von tragenden Beziehungen. Oftmals kann das innere Vernetzen eine Voraussetzung für
tragende Freundschaften im Außen sein:

„Was wesentlich zu einem körperlichen Gefühl von innerer (und
dann auch äußerer) Verbindung beigetragen hat, war das häufige
Zeichnen und Malen von Synapsen (d.i. Nervenbahnverbindungen),
was mir zuerst sinnlos, lächerlich und blöde vorkam, aber dann den
Weg aus einer lang andauernden Depression bahnte."

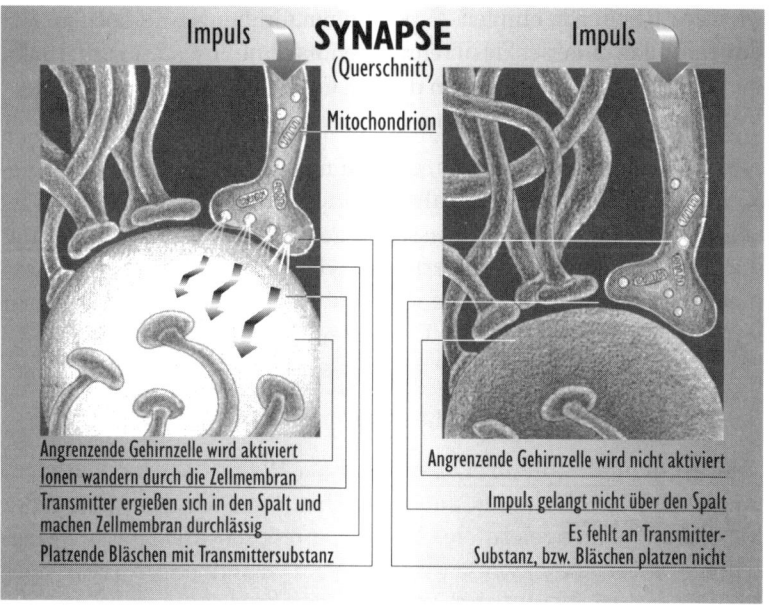

In dieser Skizze wird deutlich, daß auf der Nervenbahn- und damit auf der Empfindungsebene die Verbindungen nicht fest verdrahtet sind, sondern jeweils zuallererst durch Transmittersubstanzen hergestellt werden müssen. Die Übung, durch das Zeichnen von Synapsen den mentalen und sinnlichen Prozeß der Verbindung zu aktivieren, habe ich bei der Behandlung von Depressionen und Einsamkeitsgefühlen oft mit Erfolg angewendet.

Wesentlich für den Heilungsprozeß wurde von vielen Befragten das In-Kontakt-Bringen der Menschen untereinander genannt. Freundschaften lassen sich zwar nicht machen, doch es können der Raum, der Rahmen und die Einladung dafür gegeben werden. Durch die öffnenden Begegnungen in der Gruppe, durch das Initiieren von Kleingruppentreffen zu Hause zwischen den offiziellen Gruppenterminen, durch gruppenübergreifende Feste und Vortragsveranstaltungen mit Übungen wurde die Gelegenheit zur Begegnung intensiviert. Die dabei auftretenden Wünsche, Konflikte, Ängste und positiven Erfahrungen konnten anschließend in den Gruppen bearbeitet werden.

„So sind für mich Freundschaften entstanden, die die Zeit in der Gruppe überdauern. Freundschaften machen einfach glaubwürdiger, daß ich hier auf der Welt willkommen bin."

„Ich habe hier Menschen getroffen, auf die ich mich inzwischen wirklich verlassen kann, die mich tragen und die für mich da sind, wenn es mir schlecht geht, für die ich aber auch gerne da bin. Das Schöne ist, daß sie auch diese tiefen Prozesse durchlebt haben und wir uns so oft auf Anhieb verstehen, wenn wir von unserem ‚Eingemachten' sprechen."

„Wir treffen uns regelmäßig, und ich habe das Gefühl, daß diese Beziehungen und Freundschaften die Zeit und alle Schwierigkeiten überdauern werden. Das ist heilsam."

„Neben dem Mosaik des Lebens und der Wege, die die Methodenvielfalt der CoreDynamik aufgezeigt hat, habe ich das Mosaik der Menschen kennengelernt. Ich habe erfahren, daß auch andere Menschen sich verbinden wollen, daß dies ein Grundbedürfnis der meisten Menschen ist und daß ich nicht immer einen riesigen Widerstand überwinden muß, um jemandem näherzukommen. Menschen wollen mit Menschen zusammen sein und auch mit mir. Das ist neu, und ich kann es immer mehr annehmen und genießen."

„Außer dem Rückzug nach innen und dem Mich-Verlieren draußen gibt es noch den Weg, in den Kontakt zu gehen."

10. Erkenntnis

Der coredynamische Weg zur Wesensschau ist ein schrittweises spiraliges Vortasten von den Randschichten zum Kern. Erleben, Spüren, Getragensein, Tragen und Wissen sind wichtige Etappen auf diesem Weg. Die Berichte über das Heilsame betonen darüber hinaus einen Zustand, der als besonders beglückend erlebt wird: das wache Bewußtsein oder die Erkenntnis.

„Erkenntnis reicht über die uns verständlichen Dinge hinaus und bildet den Bezug zu den Dingen und Undingen darüber hinaus. Erkenntnis kann keiner machen, und sie kann auch keiner schenken oder geben, sie ist, und sie erscheint. Und dennoch ist sie Teil der Suche. Sie ist der Bezug zum Heil, und deshalb ist sie per se heilend."

„Es waren diese kurzen Glücksmomente, diese Fenster, die ich mit den anderen teilen durfte, die eine Verbindung jenseits der alltäglichen Begrenztheit herstellen. Die uns, wenn auch nur kurz, den Sinn vermitteln, in den alles getaucht ist, und uns damit glücklich machen."

Die Möglichkeit, die „andere Welt" zu erfahren, „diese große Welt kennenzulernen", wird immer wieder als die entscheidende Heilung bezeichnet:

„Nur im Kontakt mit dieser geistigen Welt geschieht meine ganz tiefe innere Heilung."

„Das Bewußtsein, daß es etwas gibt, was größer ist als das, was ich durch meine Sinne wahrnehmen kann, etwas, was ich in kurzen Momenten als das Wesen von Menschen und Dingen erfahren durfte, das hat mein Leben verändert. Ich bin mir wichtig geworden, aber ich bin nicht mehr der ängstliche Mittelpunkt der Erde. Ich bin ein Teil einer großen Welle im großen Ozean. Ich ströme im göttlichen Strom. Und dieses Bewußtsein in mir wächst immer weiter."

„Und diese Erkenntnisblitze wollen hinab in die Alltäglichkeit. In den Ochsenbildern, die den Zen-Weg verbildlichen, ist das letzte Bild dasjenige, wo der nun Erleuchtete mit seinem Einkaufskorb auf dem Marktplatz mitten unter den Leuten im Alltag zu sehen ist. Alles Besondere hat er hinter sich gelassen. Außer vielleicht einem feinen Lächeln um Mund und Augen."

21. Delphinisches Bewußtsein und Erfüllung in Beziehungen

Wenn wir auf unserem Weg von den Randschichten der Persönlichkeit zum Wesenskern unseres Seins vorangeschritten sind, uns also durch die Projektionen, Gedanken, Gefühle und die Intuition zum Kern vorgetastet haben, ist es gut, eine den ganzen Weg zusammenfassende und erneut bewußtmachende Erfahrung zu gestalten. Durch diese Übung lassen Sie sich am besten von einer guten Freundin oder einem guten Freund oder einem erfahrenen „Reiseleiter" hindurchbegleiten. Viel Zeit, langsames Vorangehen und Musik, die den Erlebensprozeß unterstützt, sind hilfreich.

Übung „Die Core-Spirale"

Stellen Sie sich in einem Raum mit Bewegungsfreiheit auf beide Beine und öffnen Sie Ihre Arme. Die rechte Hand zeigt mit der Handfläche nach unten, sie nimmt sozusagen Kontakt mit dem Boden, der Erdkraft auf und hält damit den Kontakt zu dieser Welt, zum Boden.
Die linke Hand zeigt nach oben, sie öffnet sich in den großen Raum und nimmt damit Kontakt zu den geistigen Dimensionen auf.
Während Sie ganz langsam nach vorne links gehen und sich ein wenig nach links drehen, machen Sie sich bewußt, daß Ihr Herz auf der linken Seite Ihrer Brust lebt und daß eine leichte Drehung Ihres Körpers nach links wie eine Öffnung des Herzens ist. Diese Öffnung geht immer weiter,

während Sie weiter langsam nach links gehen und drehen. Halten Sie dabei die Vorstellung von einer großen Spiralbewegung, in der Sie langsam von außen nach innen gehen. Sie können verschiedene Bilder als Unterstützung wählen, so z.B. eine Schnecke, eine Spirale oder einen Ammoniten, indem Sie Kammer für Kammer langsam von außen nach innen gehen.

Gleichzeitig mit dieser äußeren Bewegung gehen Sie auch innerlich tiefer nach innen. Diese Bewegung ist eine Bewegung nach innen, zum Herzen, zu unserer Mitte hin. Sie kann sehr langsam erfolgen, sie unterstützt das Bewußtsein des Nach-innen-Gehens und hält unsere Aufmerksamkeit auf diesem Weg des Tiefer-und-tiefer.

Während Sie so gehen, hören Sie die Stimme Ihres Begleiters oder Ihrer Begleiterin (real von außen oder von Ihnen innerlich gesprochen):
Ich mache mir zuerst die Randschichten meiner Persönlichkeit bewußt: meine sozialen Rollen, die Art, wie ich mich kleide, meine gesellschaftliche Stellung, meinen Bildungsstand, meine Intelligenz, meinen Beruf, mein

Einkommen, die Klischees, vermittels derer ich andere Menschen und mich wahrnehme. Ich denke an verschiedene Meinungen und Vorurteile, die ich habe, an Verhaltensgewohnheiten und mein soziales Netz, d.h. meine Bezüge zu anderen Menschen.

Wie empfinde ich diesen äußeren Bereich meines Lebens, wie trägt er mich? Während ich Schritt für Schritt weitergehe, mache ich mir bewußt, daß ich mit einem der nächsten Schritte in einen tieferen Innenraum in mir gehe. Dort nehme ich meine Gedanken, meine Bilder und Projektionen wahr.

Welche Gedanken beschäftigen mich am meisten, was geht mir häufig durch den Kopf? Welche alten Gedanken gibt es in mir, die oftmals wiederkommen?

Welche Bilder leiten mich im Kontakt mit mir und anderen Menschen? Was sind meine inneren Bilder von Schönheit, von Häßlichkeit, von Begegnung und Erfüllung?

Was nehme ich in der Regel wahr, wenn ich Menschen zuerst sehe, was sind diese Wahrnehmungsmuster, „die ich auf sie draufpacke?"

Wie kann ich unterscheiden lernen zwischen dem, was „da draußen" ist und dem, was ich von mir hineinlege?

Während ich weitergehe, immer in diesem spiralischen Bewußtsein des Tiefer und weiter nach innen, spüre ich meinen Körper und nehme die Körperempfindungen wahr. Wo ist mein Körper mir eine Stütze, wo ist er mir unbekannt, wo kenne ich ihn gut, wie mag ich ihn? Wie stützt mein Körper meine Identität, kann ich mich auf ihn verlassen, oder verunsichert er mich? Ist mir mein inneres Bild von meinem Körper bewußt? Ich lasse mir Zeit, meinen Körper zu spüren...

Mein Körper ist der Kanal, der mir eine Vielzahl von Informationen gibt, über die Empfindungen – und noch näher an mir dran – über die Gefühle. Ich gehe in den Raum meiner Gefühle, schaue mir meine Gefühle an: Welche kenne ich gut, welche sind mir fremd? Habe ich zur Wut leichteren Zugang als zur Trauer, oder ist es umgekehrt? Wie komme ich zur Freude, wie kann ich die Lust oder die Dankbarkeit einladen? Welche Auslöser für meine Gefühle gibt es? Bei welchen Gefühlen fühle ich mich fremd, und bei welchen fühle ich mich zu Hause? Kann ich auch schwierige Gefühle (wie z.B. Aggression) genießen? Unterstützen meine Gefühle mein Sein, oder verunsichern sie mich? Ich lasse mir Zeit, in mir diesen Raum meiner Gefühle zu erforschen ...

Während ich atme, gehe ich weiter nach innen, in einen tieferen Raum in mir, und gehe in den Bereich meiner Werte. Kenne ich meine Werte? Habe ich sie mir bewußtgemacht? Welche sind meine zentralen, lebensleitenden Werte? Sind meine Werte für mich ein Druck oder eher eine Stütze?

Ich gehe in dieser zarten Linksdrehung weiter und tiefer, werde ruhig und trete ein in den Raum meiner Intuition, meines unmittelbaren Gewahrseins. Dort nehme ich mich wahr in einem hohem Alter, wie von einem hohen Berg schaue ich auf mich und mein Leben und spüre die Kraft meines ursprünglichen Wissens, meiner Intuition.

Ich kann meine Bedürftigkeit loslassen, spüre meine Kraft, meinen Atem ohne Anstrengung, ich bin. Jetzt. (Ausführlicher siehe Kapitel 15.) Ich lasse mir Zeit, in diesem Raum zu sein, lasse Ahnungen und neue Informationen zu.

Ich gehe weiter in einen tieferen Raum in mir, dorthin, wo nur noch Wachheit ist, Präsenz.

Ich öffne meine inneren Augen noch weiter, ich stelle meinen Blick auf unendlich ein. Ich nehme den ganzen Raum in mir wahr, lasse eine weite Wahrnehmung zu und spüre meine Schwingung.

Meine Schwingung, dort, wo ich reine Energie bin und ich eine Ahnung von meinem Wesenskern spüre. Ich schaue in das Licht oder in den inneren Tempel, dort, wo mein geistig-seelisches Sein wohnt. Die scharfen Konturen der Oberflächen werden weicher, und ich schaue zu meinem Kern. (Ausführlicher in Kap. 19.)

Ich halte den Kontakt zu diesem meinem innersten Bereich, meinem Kern, und trete gleichzeitig den Rückweg in dieser Spirale nach außen oder oben an.

Ich bewege mich durch den Raum der Präsenz, der Intuition in den Bereich meiner Werte und komme langsam zu meinem Körper und meinen Gefühlen.

Ich halte alles gleichzeitig in meinem Bewußtsein, die ganze Tiefe oder Breite, und gehe weiter zurück zu meinen Bildern und Gedanken. Ich halte auch diese gleichzeitig mit meinen Gefühlen und der Intuition und nehme meinen äußeren Randbereich, meine Rollen und Verhaltensmuster mit in den Blick.

All dies bin ich, von außen nach innen, von innen nach außen.

Ich entspanne mich immer mehr und erhasche für kurze Momente einen Blick auf das Ganze.

In diesem Ganzen bin ich, ich-lose Ganzheit, aufgelöste und bewußte Individualität, einmaliges Immer-schon.

Diese Übung kann mehrere Stunden dauern, oder sie kann nach einiger Übung nur wenige Minuten oder auch nur einen kurzen Moment der Wachheit in Anspruch nehmen. Sie faßt den coredynamischen Prozeß der Bewußtseinserweiterung zusammen und kann zu einem beglückenden Wachheitszustand mit sich allein und auch mit anderen führen. Sie öffnet unseren Horizont und zeigt uns neue Wege zu einem erfüllten Leben.

Wir können uns entscheiden, diese neuen Wege zu gehen und uns eine Weltwahrnehmung zu eigen zu machen, die uns in unserem Wachstum unterstützt. Wenn wir Abschied nehmen von unseren alten „Ich-bin-nicht-o.k."-Haltungen, öffnen wir unser Gehirn und unsere Sinneskanäle für neue, paradoxe, scheinbar ungewöhnliche Lösungen, ungeahnte Wendungen und Glücksmöglichkeiten.

Wir können lernen, für Überraschungen offen zu sein, aus unseren Visionen heraus zu leben und die Kraft, die in unseren Visionen liegt, „zu nutzen, ohne sie zu besitzen". Wir können lernen, zu genießen, uns und anderen die Wahrheit zu sagen und die Kraft der Ordnung ebenso wie die Kraft des Neuen einzuladen.

Wir können lernen, größere Teile unseres Gehirns zu aktivieren, unseren Verstand wieder mit unseren Gefühlen und unserer Intuition zu verbinden und den Menschen, diese phantastische Sende- und Empfangsstation, auf eine Weise zu entfalten, die seinen großen Möglichkeiten entspricht.

Wir können unsere Antennen öffnen, um uns zu Menschen führen zu lassen, die uns gut tun, und uns die nächsten Schritte weisen, uns neue Wege eröffnen und uns in unbekanntes Land führen oder begleiten lassen. Wir Menschen sind zu außergewöhnlichen Wahrnehmungen in der Lage und können über Zeit und Raum hinweg kommunizieren – kulturell und übersinnlich.

Insofern ist der Weg zu und mit einem guten Partner und zu guten FreundInnen ein Weg der Intuition, ein Sich-Leiten-Lassen in unbekanntes Land, ins Abenteuer der Schwingungen jenseits der Bilder und Projektionen.

Wenn es uns gelingt, die Suche aufzugeben und uns führen zu lassen von den „größeren Schwingungen", ist jeder Schritt ein Abenteuer. Wir erkennen auf diesem Wege, daß wir nicht wirklich bedürftig sind, sondern voll Klarheit und Licht. Wir sind nicht wirklich gebunden an unsere alten Muster und Verhaltensweisen, sondern wir sind frei, in jedem Moment in eine neue Dimension des Seins einzutreten.

Wir können lernen, die feine Spannung zwischen Diagnose und Benennung des Ist-Zustands sowie intuitiver Offenheit für die Entwicklung des Prozesses auszuhalten und zu genießen.

Dabei stoßen wir auf das Paradox von Leben aus der Vision und Leben im Jetzt. Nach meiner Erfahrung sind dies keine Gegensätze, sondern diese Lebensentwürfe unterstützen sich gegenseitig. So schreibt Peter Russell in seinem Buch „Im Zeitstrudel": „Es gibt keinen Grund zu der Annahme, daß unser Verstand (und unser inneres Wesen, B.M.) denselben Begrenzungen unterworfen ist wie unsere materielle Entwicklung. Es gibt im Gegenteil eine Reihe von Gründen, die darauf hindeuten, daß sich die Evolution unseres Bewußtseins viel schneller vollziehen wird" (Russel 1994, 253).

Die spiralische Bewegung unseres Lebens kann jeweils aus dem Entwurf einer erfüllenden Zukunft ganz in die Gegenwart kommen. Das Verweilen, das Ankommen in der Gegenwart kann jeweils getragen sein von der Vision einer erfüllten und humanen Welt. Das Bewußtsein hat in seinem spiralischen Charakter eine Geschwindigkeit, die größer ist als die Lichtgeschwindigkeit, und es ist als ein sich selbst erkennendes Geheimnis fähig, in der momenthaften Integration der Zeiträume (Vergangenheit, Gegenwart und Zukunft) in der Zeitlosigkeit des Jetzt anzukommen.

Oftmals kommt das Verstandes- und Gefühlsgehirn mit dieser Geschwindigkeit der Entwicklungen nicht mehr mit. Manche Menschen meinen, wir sollen langsamer vorangehen, damit wir Schritt halten können. Die Lösung liegt jedoch nicht in einer rückwärts gewandten Romantik, die postuliert, daß früher alles besser und humaner war. Wir müssen lernen, mit den Herausforderungen der Beschleunigung zu leben und die qualitativen Aspekte, die inhaltliche Füllung von Entwicklung in den Vordergrund stellen, wie dies Ken Wilber überzeugend ausführt (Wilber 1996, 531).

Denn es ist zu spät, um den Fuß vom Gas zu nehmen. Unsere technologische Schubkraft treibt uns in der Generation der Veränderung auf einen Punkt der Hyperbeschleunigung zu. Wir scheinen an dem Punkt der Entwicklung zu sein, an dem wir entweder wachsen oder sterben müssen.

Wir werden uns daran zu gewöhnen haben, daß in immer schnellerem Tempo ein Wandel dem nächsten folgt, bis der Wandel selbst zum Flußzustand wird. Um das Gehirn auf diesen Flußzustand vorzubereiten, stehen uns Wege zur Verfügung, die in diesem Buch beschrieben worden sind.

UND: Wir sollten auch Möglichkeiten und die Notwendigkeit der Verlangsamung und des Innehaltens bedenken. Um die hochkomplexe Struktur, in die wir als Menschen eingebunden und von der wir abhängig sind, vor der baldigen Zerstörung zu bewahren, ist die selbstverantwortliche Begrenzung der quantitativen Wachstumsprozesse unabdingbar. Quantitatives industrielles Wachstum, Mengenwachstum der Menschheit, schnellerer Konsum und schnelleres Wegwerfen ist ein grundsätzlich anderer Prozeß als Beschleunigung von Information und Vernetzung. Und solange die Beschleunigung der Vernetzung mit erhöhter Umweltverschmutzung einhergeht, müssen wir darauf verzichten.

So wird ein sensibles Gleichgewicht zwischen Verzicht und Beschleunigung, zwischen Ruhe und Globalisierung, zwischen natürlichen, leibhaften Begegnungen und hochtechnologischer Kommunikation herzustellen sein. Vielleicht liegt die Lösung dieses Konflikts in so etwas wie einer grundsätzlichen Verlangsamung im Zentrum der Beschleunigung, einer tiefen Stille im Zentrum des Orkans. Vielleicht können wir lernen, fließend in uns zu ruhen, wie der Fluß, der, sich stets erneuernd, in seinem Bett ruht.

Wir erwarten im Außen ein Glück, das dort nicht zu finden ist. Doch die Herausforderung der krisenhaften Zuspitzung unserer Zeit (auch und gerade in unseren Beziehungen) führt uns an den einzigen Platz, an dem Erfüllung möglich ist: in unser eigenes Inneres, unseren inneren Tempel des Lichts.

Wir können erfahren, daß sichtbare Prozesse ein Ausdruck eines dahinterliegenden Energie- oder Bewußtseinsprozesses sind. Dieses Bewußtsein, als immaterielles Phänomen, ist zu Entwicklungssprüngen in der Lage. Das Kraftpotential des Bewußtseins ist eine riesige, noch unergründete Welt, die bisher immer schon von einigen wenigen bereist, aber noch nie in solchem Ausmaß von so vielen Menschen systematisch und gemeinsam erkundet wurde. Wir beginnen zu ahnen, daß die Entfaltung des Bewußtseins eine große Chance zur Meisterung der heutigen Weltkrise bietet.

Wir befinden uns mitten in einem Beschleunigungsprozeß, in dem Einheitsbewußtsein einerseits und zerstörerische Kräfte andererseits in noch nie dagewesener Geschwindigkeit akkumulieren. Deswegen sind die Delphinstrategien auch keine wohlmeinende Freundlich-keitskonzeption, sondern sie schließen ein Bewußtsein von der Prä-senz von Karpfen und Haien ein, d.h., es tut not, sehr wach zu sein, notfalls auch zu kämpfen und für Momente das Verhalten von Haien gemeinschaftlich angemessen zu beantworten, wie die Delphine es tun.

Die hier vorgestellten Wege bilden eine Methodologie der Ah-nung, daß das Bewußtsein ein sich spiralisch weiterentwickelnder, evolutionärer Prozeß zunehmender Ganzwerdung und Selbstrefle-xion ist.

Dieses wachsende Bewußtsein können wir als Wachheit, als Er-leuchtung, als Freiheit vom Drama oder auch als Glück bezeichnen. Wenn man genau hinspürt, ist Bewußtsein immer mit Glücksempf-findungen verbunden, auch wenn es um Schmerz, Verlust, Tod und andere Krisen geht. In den kurzen Momenten von Erleuchtung, die uns möglich sind, können wir ein Gesamtbewußtsein von Welt spüren, in dem die Dualität, der Krieg und das Leid nicht ausge-schlossen ist und gleichzeitig im Zustand höchster Wachheit eine Glücksempfindung möglich ist.

Vielleicht ist das „Organ", das diesen noch nie dagewesenen Pro-zeß im eigentlichen ermöglicht und trägt, weniger der Verstand, sondern *eher das Herz, der symbolische Wohnort der Liebe.*

Liebe ist die Verbindungsenergie des Seins. „Liebe kann ... als Anziehungskraft des Lebens auf sich selbst betrachtet werden, als Wunsch nach bewußter Vereinigung. Ihr höchster Ausdruck ist die Wiedervereinigung mit unserem eigenen Urgrund, mit der Essenz unseres Bewußtseins" (Russell 1994, 271).

Vielleicht sind es neue Qualitäten in der Paarbeziehung, die die nächsten Entwicklungsschritte ermöglichen. Wieviel Liebe wird in der nächsten Zeit möglich oder nötig sein, um unsere komplexer werdenden Aufgaben zu erfüllen?

Die Grunddyade, die Paarbeziehung, wird sich ähnlich wie alle gesellschaftlichen Systeme transformieren müssen, um die komple-xen Entwicklungen zu ermöglichen, die der Zeitstrudel verlangt. Das Medium, in dem Veränderungen möglich werden, wird wahrschein-lich nicht der funktionelle Verstand, sondern die Liebe sein.

Unsere Ausgangsfragen, ob und wie wir erfüllt in einer Partner-schaft leben können, lassen sich folgendermaßen zusammenfassen:

1. Schwingen wir auf den uns wesentlichen Bewußtseinsebenen miteinander?

2. Sind wir beide auf eine ähnliche Weise bereit und in der Lage, auf eine neue Bewußtseinsebene zu springen, wenn das gemeinsame Wachstum der Dyade und des Gesamtbewußtseins es erfordert?

Der kreativste Zustand für Wachstum liegt auf der Grenze zwischen Langeweile und Angst. Die Evolution von neuen Fähigkeiten schreitet am schnellsten voran, wenn Ordnung und Chaos nahe beieinander liegen. „Daß wir diesen Grenzbereich genießen, scheint wie ein Geschenk des Himmels; man könnte es fast dahingehend auslegen, daß der Mensch zur Evolution berufen ist" (Csikszentmihalyi 1995, 402). Gleichwohl wird es immer Phasen geben, in denen der eine oder die andere in der Entwicklung Pausen braucht oder aus anderen Gründen langsamer geht, an Altem festhält oder Angst hat zu wachsen.

Die Bereitschaft zur gemeinsamen Entwicklung kann uns die Kraft geben, diese Phase des Nicht-miteinander-Schwingens zu überstehen. Geduldig erwarten wir den nächsten Frühling, in dem das zarte und kraftvolle Pflänzchen des Wachstums der Seele durch die dicke Kruste der Angst und der Trägheit hindurchstößt.

Da die Entwicklung der Evolution immer schneller verläuft, kommen wir oftmals mit unseren eigenen Prozessen nicht hinterher, müssen wir springen, müssen wir Durchbrüche wagen und immer wieder in unbekannte Welten vorstoßen. Dabei spielt „die Konfrontation mit der wachsenden Ungewißheit eine wichtige Rolle im Prozeß unserer inneren Befreiung" (Russell 1994, 273).

Im Vertrauen in die der Turbulenz innewohnende Ordnung, im Loslassen von alten Sicherheiten, vom Bedürfnis nach Gewißheit und im Loslassen unserer Vorstellungen, wie die Welt zu sein habe, können wir Erfahrungen vom Feuer in unserem Kern machen, die uns Stabilität schenken; eine Stabilität, die uns durch ungewisse Zeiten hindurchführen kann. Unterstützend in diesem Abenteuer ist das Bewußtsein von Ganzheit und Wandel sowie ein Bewußtsein von der grundsätzlichen Unvorhersagbarkeit von Lebensprozessen. Aus dem Vertrauen in das große Netz der Verbindung entsteht die Kraft zum gemeinsamen Wandel.

Wir haben alle diese Grundverbindungsenergie der Liebe, denn sie ist die Lebensenergie, und diese hat die Tendenz, zu verbinden, zu vernetzen. Wir sind Teil eines sich entwickelnden universellen Bewußtseins. Indem wir uns immer mehr verbinden, wird ein evolutionärer Durchbruch vorbereitet.

Verbindung im Inneren und mit dem Äußeren bewirkt höhere Komplexität und führt zur Selbsttranszendenz. Diese Selbsttranszendenz als Kontakt zum Göttlichen und Teilhabe an ihm kann als der Sinn des Menschseins erfahren werden. Wir können es auch Liebe nennen.

Anhang

Der Partner-Beziehungstest

Die Qualität des Fragenstellens entscheidet über die Qualität des Lebens.

Dieser Gesprächsleitfaden ist eine Landkarte zu den Themen:
➤ Passen wir eigentlich zusammen?
➤ Wie gestalten wir eine erfüllende Beziehung?

Die Fragen bewegen sich von außen nach innen, von den Randschichten der Persönlichkeit zum Kern.

Sie können die Fragen vorweg spontan und nach der Lektüre des Buches ein zweites Mal beantworten und dann Ihre Ergebnisse vergleichen. Und Sie können diese Fragen immer wieder im Partnergespräch als Unterstützung zur Klärung einer aktuellen Situation heranziehen.

Zur Auswertung

Für „*meist*" geben Sie 4 Punkte, für „*oft*" 3, für „*selten*" einen Punkt und für „*nie*" null Punkte. Im Fragenblock *IV* geben Sie je nach dem Ausmaß der Übereinstimmung vier bis null Punkte. Addieren Sie dann alle Zahlen und vergleichen Sie das Ergebnis mit Ihrem erwünschten Wert.

Auswertungshinweis

Ich habe bewußt die Einteilung von *„meist"* bis *„nie"* gewählt, um der Überzeugung Ausdruck zu geben, daß ein „immer" eine unrealistische Erwartung ist. Die Punktwertung (4,3,1,0) bewirkt eine stärkere Gewichtung der positiven Aspekte als der Mängel. Gehen wir weiter davon aus, daß ein „oft" bei erwünschtem Verhalten ein guter Maßstab für eine erfüllende Beziehung ist, ist zu empfehlen, als angestrebten positiven *Höchst*wert maximal *402* (d.h. 134 Fragen mal 3) zu wählen.

Wählen Sie jedoch unbedingt Ihre eigene Maßzahl.

Geben Sie sich einen *persönlichen Maßstab*, wieviel Punkte Ihrem Bedürfnis nach einer erfüllenden Beziehung entsprechen. So erhalten Sie eine Orientierung, wieweit Sie über oder unterhalb Ihres persönlichen Levels liegen.

Ferner erfahren Sie durch Beantwortung dieser Fragen, in welchen Bereichen Sie Ihre Beziehung weiter entfalten können.

Zahlen sind der Ausdruck der dahinter verborgenen Energie und sollten subjektiv gedeutet werden, insbesondere unter der Fragestellung: Wieviel Übereinstimmung wünsche ich mir, wieviel Reibung *brauche* ich?

Manche Menschen brauchen „Miteinanderschwingen", andere wollen Reibung. Verschiedenheit macht eine Beziehung nicht unmöglich, verlangt aber deutlich mehr Übersetzungsarbeit und Arbeit an Vertrautheit und Nähe.

Gleichheit verlangt Differenzierungsarbeit.

Suche ich eine/n „GegensatzpartnerIn" oder eher eine/n „ÜbereinstimmungspartnerIn"? Nehme ich mich ernst in diesem Bedürfnis?

I. An der äußeren Kontaktzone

		4 meist	3 oft	1 selten	0 nie
1. a)	Ich kann mich für ihre/seine alltäglichen Verhaltensgewohnheiten öffnen. Zeiteinteilung				
b)	Umgang mit Geld				
c)	Haushaltsführung				
d)	Medienkonsum				
e)	Ernährung				
2. a)	Ich mag ihre/seine Art, mit mir und anderen Menschen umzugehen (Kontaktfähigkeit). mit Erwachsenen				
b)	mit Kindern				
3.	Sein/ihr Beruf interessiert mich.				
4.	Ich kann ihre/seine soziale Stellung respektieren.				
5. a)	Ich achte seine/ihre Intelligenz.				
b)	Lebenserfahrung.				
6.	Ich schätze seine/ihre besonderen kulturellen und familiären Traditionen.				
7. a)	Ich achte ihre/seine Freunde und Bekannten.				
b)	Verwandten.				

II. Bilder und Gedanken als Kontaktmedium und Wahlschablonen

		4 meist	3 oft	1 selten	0 nie
8.	Ich kann den Unterschied zwischen meinem inneren *Idealbild* von Mann oder Frau und der *Realität* meines Partners erkennen und annehmen.				
9.	Ich erkenne und mag ihre/seine besondere Schönheit.				
10.	Ich kann die wesentlichen Eigenschaften meiner Vorstellungen von guten Eltern in ihr/ihm sehen.				
11.	Ich empfinde uns ähnlich in unserer körperlichen Attraktivität.				
12.	Die Gedanken meines Partners interessieren mich.				
13.	Ich kann die Ansichten meines Partners verstehen.				
14.	Ich fühle mich von meinem Partner verstanden.				
15.	In Konflikten kann ich auf Rechthaben und Siegen verzichten.				
16.	Ich versuche nicht, Fehler beim Partner zu finden.				

III. Die Gefühle und der Körper weisen den Weg

		4 meist	3 oft	1 selten	0 nie
17.	Wir können miteinander lustig und albern sein, und ich mag ihr/sein Lachen.				
18.	Ihre/meine Witze lösen beim anderen Vergnügen aus.				
19.	Ich mag ihren/seinen Körper gerne anschauen, berühren und schmecken.				
20.	Ich mag ihren/seinen Geruch.				
21.	Der Klang ihrer/seiner Stimme löst in mir Wohlbehagen aus.				
22.	Ich respektiere meinen Partner.				
23.	Ich würdige seine/ihre Handlungen.				
24.	In einem Streit muß ich nicht mit Worten und Gefühlen zurückschlagen.				
25.	Bei Konflikten ziehe ich mich nicht zurück, sondern bleibe präsent, ansprechbar und berührbar.				
26.	Meine Gefühle sind hier gut aufgehoben: Ich kann meine Gefühle ausdrücken, und sie werden angenommen: ➤ meine Freude				
	➤ meine Angst				
	➤ meine Trauer				
	➤ mein Ärger/meine Wut				
	➤ meine Lust				
	➤ meine Demut				
	➤ meine Seligkeit				
	➤ meine Dankbarkeit				

	4 meist	3 oft	1 selten	0 nie
27. Ich kann mich für die Gefühle meines Partners öffnen, ohne daß ich mich angegriffen oder schuldig fühle.				
28. Ich fühle mich mit diesem Gegenüber lebendig.				
29. Diese Beziehung macht mich zufrieden und gesund.				
30. Die Grundschwingung zwischen uns ist anregend (nicht auslöschend).				
31. Wir können ähnlich viel an „Vitalität" oder Energie zulassen und (aus)halten.				
32. Wir hören uns ausgiebig und gerne zu.				
33. Wir gehen achtsam miteinander um.				
34. Wie sind uns gegenüber warmherzig.				
35. Ehrlichkeit zwischen uns ist möglich.				
36. Streiten zwischen uns ist erlaubt.				
37. Wir streiten uns offen, direkt und fair.				
38. Wir beenden Streit mit Verzeihen und einer deutlichen Versöhnung.				
39. Wir bewundern uns gegenseitig.				
40. Wir zeigen uns körperlich und verbal häufig unsere Zuneigung.				
41. Wir verbringen gern viel Zeit miteinander.				
42. Wir lassen uns viel persönliche Freiheit.				
43. Wir teilen uns unsere Wünsche und Träume mit.				

		4 meist	3 oft	1 selten	0 nie
44.	Wir zeigen durch unser Verhalten, daß unser Partner uns mehr bedeutet als jeder andere Mensch.				
45.	Wir sind zärtlich zueinander, auch unabhängig von Sexualität.				
46. a)	Wir können uns gegenseitig körperliche Erfüllung schenken.				
b)	Wir gestalten intime Situationen, in denen wir bewußt über unsere Lust sprechen, sie einladen und feiern.				

Beantworten Sie folgende Fragen bezüglich Ihrer Grundhaltungen dem Leben gegenüber zuerst für sich selbst und vergleichen Sie dann Ihre Ergebnisse mit den Antworten Ihrer Partnerin oder Ihres Partners. Verbuchen Sie bis Frage 70 je nach Übereinstimmung 0, 1, 3 oder 4 Punkte. Danach gehen Sie wie bisher vor.

		4 meist	3 oft	1 selten	0 nie
47.	Ich finde mich in Ordnung, ich bin grundsätzlich o.k.				
48.	Ich vertraue mir und dem Fluß des Lebens.				
49.	Ich empfinde eine Existenzberechtigung.				
50.	Das Leben lohnt sich zu leben.				
51.	Ich stelle mich gerne den Herausforderungen des Lebens.				
52.	Ich habe die Opferrolle losgelassen.				
53.	Ich bin auf dieser Welt willkommen.				
54.	Glück und Erfüllung ist möglich.				

		4 meist	3 oft	1 selten	0 nie
55.	Ich werde geliebt.				
56.	Ich kann meine Liebe ausdrücken.				
57.	Sexualität ist Freude, Erholung und Entspannung.				
58.	Tempo, Lautstärke und Belastungen machen mir Freude.				
59.	Das Leben hat einen tiefen Sinn.				
60.	Mein Leben ist eine spiralische Bewegung zu mehr Sinn und Erfüllung.				
61.	Ich kann gut allein mit mir sein.				
62.	Ich habe ein stabiles soziales Netz.				
63.	Ich bin liebenswert und attraktiv.				
64.	Ein Kuß darf lange dauern, wild und zärtlich sein.				
65.	Sexuelle Spannung auch zu halten ist eine Lust.				
66.	Ich bin oder werde beruflich erfolgreich sein.				
67.	Ich bin geborgen und geschützt.				
68.	Ich bekomme reichlich von dem, was ich brauche.				
69.	Ich bin wirklich bereit, glücklich zu sein und anzukommen.				
70.	Ich bejahe die Lust und die Freude.				

		4 meist	3 oft	1 selten	0 nie
71.	Ich bin bereit, aus meinen alten Glaubenssätzen auszusteigen und ein Leben mit größeren Freiheitsgraden zu gestalten: Ich bin bereit zum Sprung.				
72.	Ich übernehme Verantwortung für meine Gefühle.				
73.	Ich erlaube mir und anderen ungewöhnliche Ideen und Lösungen.				
74.	Ich sage die Wahrheit.				
75.	Ich vermeide Schuldzuweisungen.				
76.	Ich kann Vieldeutigkeiten, Paradoxien und Widersprüche zulassen.				
77.	Ich kann Ungewißheit zulassen.				
78.	Ich bin bereit, aus dem Drama meiner Vergangenheitsbindungen auszusteigen.				
79.	Ich bin mit mir als Person zufrieden.				
80.	Ich fühle mich nicht bedroht, wenn mein/e PartnerIn anders ist, als ich es mir wünsche.				
81.	Ich gebe anderen keine Macht über mein Wohlbefinden.				
82.	Ich setze mich direkt und offen für meine Interessen ein (nicht manipulierend oder passiv-aggressiv).				
83.	Ich achte „rechtshirniges" durchs Leben gehen (emotional, intuitiv, spontan, romantisch, mehrdeutig) ebenso wie „linkshirniges" (systematisch, gründlich, faktenorientiert, gewissenhaft, kritisch).				

		4 meist	3 oft	1 selten	0 nie
84.	Ich habe alte Fixierungen an Elternpersonen gelöst.				
85.	Ich habe behindernde innere und äußere Bindungen an frühere Partner gelöst.				
86.	Ich habe meine Süchte unter entspannter Kontrolle.				
87.	Mir ist wirklich Ernst, eine intime Beziehung zu gestalten.				
88.	Nähe und Sexualität sind ein Weg zur geistig-spirituellen Entwicklung.				
89.	Wenn ich still und klar werde, spüre ich, ob ich wirklich bereit bin, glücklich zu sein.				
90.	Will ich den anderen wirklich glücklich machen?				
91.	Haben wir das Gefühl, Freunde zu sein?				
92.	Gibt es Gelassenheit, Leichtigkeit und Ungezwungenheit zwischen uns?				
93.	Sind wir uns ebenbürtig, und billigen wir uns Gleichberechtigung zu?				
94.	Fühlen wir, daß wir dem/der anderen vertrauen und uns auf sie/ihn verlassen können?				
95.	Wollen wir zumindest in einigen Aspekten so sein wie unser/e PartnerIn, ist er oder sie irgendwo unser Vorbild?				
96.	Paßt die „Story", die Geschichte, die jeder für sein Leben entworfen hat, zusammen?				

IV. Intuition und Präsenz

Die folgenden Fragen können Sie spontan beantworten oder vor der Beantwortung die Präsenz-Übung aus Kapitel 15 durchführen. Sie kommen dann möglicherweise auf eine tiefere Selbsterfahrungsebene, so daß Ihre Antworten eine größere Aussagekraft für Sie haben könnten.

		4 meist	3 oft	1 selten	0 nie
97.	Wenn ich aufrecht sitze, ganz still werde und meiner inneren Stimme aus der Tiefe meines Herzens zuhöre: Sagt mein Herz JA zu dieser Beziehung?				
98.	Wenn ich die Aufrichtung meiner Wirbelsäule und meine innere Würde spüre: Sagt meine Intuition JA zu dieser Beziehung?				
99.	Wenn ich mir vorstelle, wie aus hohem Alter, wie eine weise alte Frau/ein weiser alter Mann auf diese Phase in meinem Leben zurückzublicken: Sagt meine innere Weisheit dann JA zu dieser Beziehung?				
100.	Wenn ich den Zustand von Klarheit, Wirklichkeit und Ehrlichkeit einlade: Sagt meine innere Stimme JA zu dieser Beziehung?				
101.	Wenn ich kleine und kleinste Bewegungen in meinem Körper beachte und zulasse: Bewege ich mich auf diese Beziehung zu?				
102.	Wenn ich mir klarmache, daß alle Gefühle zwei Gesichter haben: Sagt mein tiefes Wollen jenseits der Gefühle JA zu dieser Beziehung?				

		4 meist	3 oft	1 selten	0 nie
103.	Wenn ich mir erlaube, den Schattenaspekt, alle dunklen Seiten dieser Beziehung und den notwendigen Verzicht in dieser Beziehung anzuschauen: Sagt dann mein innerstes Zentrum JA zu dieser Beziehung?				
104.	Bin ich wirklich bereit und entschieden, für diese Person zu sorgen?				
105.	Bin ich bereit, Qualitäten zu entwickeln, die unsere Liebe fördern, wie: ➤ Achtsamkeit, Aufmerksamkeit				
	➤ Stille, Kraft				
	➤ Sorgfalt, Zärtlichkeit, Einfühlsamkeit				
	➤ Dankbarkeit				
	➤ Vertrauen, Verläßlichkeit				
	➤ Verzeihen				

V. Im Kernbereich der Liebe

A) Die Kraft der Vision

		4 meist	3 oft	1 selten	0 nie
106.	Wir haben einen gemeinsamen Sinnhorizont unserer Beziehung.				
107.	Es gibt etwas für uns Bedeutendes, auf das wir hinauswollen.				
108.	Es gibt etwas für uns, das größer oder wichtiger ist als wir beide.				
109.	Unser individueller Lebensentwurf führt uns auf einen gemeinsamen Entwicklungsweg.				
110.	Wir sind bereit, die „Große Kraft", die Kraft des Unbewußten, die Kraft der Träume und des Denkens, für unsere Beziehung einzuladen.				

B) Kontakt mit dem Feuer der Kernkraft

		4 meist	3 oft	1 selten	0 nie
111.	Es ist uns bisweilen möglich, durch die Schichten der Persönlichkeit hindurch das Wesen unseres Gegenüber zu erahnen.				
112.	Unsere Energiefelder schwingen miteinander.				
113.	Wir können uns für diese Schwingung öffnen.				

		4 meist	3 oft	1 selten	0 nie
114.	Wir können Kontakt aufnehmen zum innersten Zentrum der Liebe, zum Kern (Core) unseres Partners.				

VI. Zusammenfassung

Lesen Sie Ihre Antworten noch einmal im Überblick und spüren Sie die Gesamtwirkung der Fragen und Antworten auf Ihre Stimmung.

➤ Was ist mir wirklich wichtig?

➤ Wie können wir das, woran es uns mangelt, entwickeln?

➤ Vergleichen Sie Ihre Antworten mit denen Ihres Partners oder Ihrer Partnerin und nehmen Sie sich Zeit, darüber zu sprechen.

Erwünschter Wert:

Momentanes Ergebnis:

Literatur

Almaas, A. H.: Essenz. Der diamantene Weg zur inneren Verwirklichung. Oldenburg, 1994

Andreas, Connirae und Tamara: Der Weg zur inneren Quelle, Core-Transformation in der Praxis. Paderborn 1995

Bachmann, Winfried: Neurolinguistisches Programmieren (NLP). Wie geht denn das? Paderborn 1995

Bailey, Alice A. : Das Bewußtsein des Atoms. Bietigheim 1975

Bischof, Marco: Biophotonen, Das Licht in unseren Zellen. Frankfurt, 1995

Bollnow, Otto Friedrich: Vom Geist des Übens. Stäfa 1991

Bono, Edward de: Taktiken und Strategien erfolgreicher Menschen. München 1995

Briggs, John und Peat, David: Die Entdeckung des Chaos. Eine Reise durch die Chaos-Theorie. Wien 1990

Bryner, Andy/Markova, Dawna: Die lernende Intelligenz. Denken mit dem Körper. Handbuch zur Implementierung der fünf Disziplinen in Lernende Organisationen. Paderborn 1997

Chia, Mantak: Tao Yoga der Liebe. Interlaken 1989

Cooper, N.: Lexikon der Symbole. München 1990

Csikszentmihalyi, Mihaly: Dem Sinn des Lebens eine Zukunft geben. Eine Psychologie für das 3. Jahrtausend. Stuttgart 1995

Cöllen, Michael: Das Paar. Menschenbild und Therapie der Paarsynthese. München 1989

Cutter, Rebecca: Wenn Gegensätze sich anziehen. Chaoten und Pedanten in einer glücklichen Beziehung. Frankfurt 1996

Desjardins, Arnaud: In Liebe gemeinsam wachsen. Freiburg 1989

Dobbs, Horace: Delphine. Basel 1986

Dreitzel, Hans-Peter: Reflexive Sinnlichkeit. Mensch, Umwelt, Gestalttherapie. Köln 1992

Dürckheim, Graf Karlfried: Hara. Die Erdmitte des Menschen. Bern, München 1994

Dürckheim, Graf Karlfried: Von der Erfahrung der Transzendenz. Freiburg 1993

Dux, Günter: Die Logik der Weltbilder, Sinnstrukturen im Wandel der Geschichte. Frankfurt/Main 1982

Fast, Julius/Bernstein, Meredith: Körpersignale der Liebe. Reinbek 1994

Flach, Frederic: Gesund durch Lebenskrisen. Stuttgart 1992

Fisher, Helen: Anatomie der Liebe. Warum Paare sich finden, sich binden und auseinandergehen. München 1993

Golas, Thaddeus: Der Erleuchtung ist es egal, wie du sie erlangst. Basel 1995

Goldberg, Philip: Der zündende Funke. Die Kraft der Intuition. Düsseldorf 1993

Goodman, Felicitas: Wo die Geister auf den Winden reiten. Trancereisen und ekstatische Erlebnisse. Freiburg 1993

Goswami, Amrit: Das bewußte Universum. Wie Bewußtsein die materielle Welt erschafft. Freiburg 1995

Gray, John: Männer sind anders. Frauen auch. München 1993

Grof, Stanislav: Das Abenteuer der Selbstentdeckung. Heilung durch veränderte Bewußtseinszustände. München 1987

Hejj, Andreas: Traumpartner, Evolutionspsychologische Aspekte der Partnerwahl. Berlin, Heidelberg 1996

Herrmann, Ned: Kreativität und Kompetenz. Das einmalige Gehirn. Fulda 1991

Hutchison, Michael: Megabrain, Geist und Maschine. Basel 1994

Hutchison, Michael: Megabrain Power. Die Revolution der grauen Zellen. Paderborn 1996

Huxley, Laura: Glücklichsein ist keine Kunst. Basel 1989

James, Muriel und Jongeward, Dorothy: Spontan leben. Übungen zur Selbstverwirklichung. Reinbek 1995

Jaxon-Bear, Eli und Sabrina Lorenz: Da lacht der Erleuchtete. Die besten spirituellen Witze. München 1991

Jellouschek, Hans: Die Kunst, als Paar zu leben. Stuttgart 1992

Kepner, James: Körperprozesse. Ein gestalttherapeutischer Ansatz. Köln 1988

Kirschner, Josef: So siegt man, ohne zu kämpfen. München 1987

Kline, Peter/Saunders, Bernard: 10 Schritte zur Lernenden Orgnisation. Das Praxisbuch. Paderborn 1996

Kreisman, Jerold und Hal Straus: Ich hasse dich – verlaß mich nicht. München 1992

Kurtz, Ron: Körperzentrierte Psychotherapie. Die Hakomi Methode. Essen 1985

Laszlo, Ervin: Evolutionäres Management. Globale Handlungskonzepte. Fulda 1992

Leonard, Georg: Der Rhythmus des Kosmos. Hamburg 1986

Leonard, Georg: Der längere Atem. Die Meisterung des Alltäglichen. Wessobrunn 1994

Levine, Stephen: In Liebe umarmen. Der spirituelle Wegweiser für Liebende. Bielefeld 1995

Lynch, Dudley und Paul Kordis: DelphinStrategien. Management-Strategien in chaotischen Systemen. Fulda 1992

Lynch, D./Kordis, P.: Schlüssel zur Globalisierung. Handbuch für den Wandel. Übergang vom Informationschaos zur Produktivität. Paderborn 1996

Mack, Bernhard: Der Liebe einen Sinn geben – Wege zur Liebe – Wege zum Kern. Grundlagen der CoreDynamik. Berlin 1996

Mack, Bernhard: Über traditionelle Managementtrainings und Personalentwicklung hinaus zu wirklichen Innovationen, in: Rudolf Mann (Hrsg.): Netzwerk zum Erfolg. Mannheim 1996

Mann, Rudolf: Das visionäre Unternehmen. Der Weg zur Vision in zwölf Stufen. Wiesbaden 1990

Mann, Rudolf: Bewußt-Sein im Beruf. Lebenssinn und Erfüllung in zehn Stufen. Düsseldorf 1995a

Mann, Rudolf: Das ganzheitliche Unternehmen. Stuttgart 1995b

McIntyre, Joan: Der Geist in den Wassern. Ein Buch zu Ehren des Bewußtseins der Wale und Delphine. Frankfurt 1994

Metzinger, Thomas (Hrsg.): Bewußtsein. Paderborn 1996

Murphy, Michael: Der Quantenmensch. Wessobrunn 1994

Naslednikov, Margo Anand: Tantra oder die Kunst der sexuellen Ekstase. München 1990

Natale, Frank: Trance Dance. Der Tanz des Lebens – Geschichte, Rituale, Erfahrungen, Berlin 1993

Nuber, Ursula: Partnerwahl, in: *Psychologie heute*. 11, 1996

Pietsch, Gertrud K.: Die Farben der Liebe. Frauen und Beziehungsprobleme. Weinheim 1996

Pierrakos, John: Core Energetik. Zentrum deiner Lebenskraft. Essen 1987

Pierrakos, Eva: Der Pfad der Wandlung. Essen 1994

Prigogine, I./Stengers, I.: Dialog mit der Natur. Neue Wege naturwissenschaftlichen Denkens. München 1993

Rautenberg, Werner und Rüdiger Rogoll: Werde, der du werden kannst. Freiburg 1995

Riemann, Fritz: Grundformen der Angst. München 1982

Rosenkranz, Hans: Von der Familie zur Gruppe zum Team. Familien- und gruppendynamische Modelle zur Teamentwicklung. Paderborn 1994

Russell, Peter: Im Zeitstrudel. Die atemberaubende Erforschung unserer Zukunftschancen. Wessobrunn 1994

Schwartz, Pepper: Peer-Partner: Das ideale Paar. Was Gleichheit im Zusammenleben wirklich bedeutet. Hamburg 1996

Satprem: Der Mensch hinter dem Menschen. München 1981

Schellenbaum, Peter: Das Nein in der Liebe. Stuttgart 1984

Schulz von Thun, Friedemann: Miteinander reden. Reinbek 1989

Schmidt, K.O.: Gedanken sind wirkende Kräfte. Pforzheim 1995

Selby, John: Kraftquelle Kundalini. Genf 1993

Senge, Peter M.: Die fünfte Disziplin. Kunst und Praxis der lernenden Organisation. Stuttgart 1996

Sheldrake, Rupert: Das Gedächtnis der Natur. Bern 1991

Siems, Martin: Dein Körper weiß die Antwort. Focusing als Methode der Selbsterfahrung. Hamburg 1995

Sternberg, Robert J.: The triangle of love. Intimacy, passion, commitment. New York, 1988

Teegen, Frauke: Die Begegnung mit dem Schatten. Erkundungen in den Tiefenschichten des Bewußtseins. Reinbek 1985

Thomann, Ch./Schulz von Thun, Fr.: Klärungshilfe. Reinbek 1996

Tramitz, Christiane: Du und kein anderer. Wie wir einander suchen und finden. Biologische Aspekte der Partnerwahl. Düsseldorf 1994

Uccusic, Paul: Der Schamane in uns. Genf 1993

Viorst, Judith: Mut zur Trennung. Menschliche Verluste, die das Leben sinnvoll machen. Reinbek 1994

Wallerstein, Judith/Blakeslee, Sandra: Gute Ehen. Wie und warum die Liebe dauert. Weinheim 1996

Walter, Rudolf: Leben ist mehr. Das Lebenswissen der Religionen und die Frage nach dem Sinn des Lebens. Freiburg 1995

Weiß, Josef: Selbst-Coaching. Persönliche Kompetenz und Power gewinnen. Paderborn 1992

Wilber, Ken: Psychologie der Befreiung. Perspektiven einer neuen Entwicklungspsychologie – die östliche und die westliche Sicht des menschlichen Reifungsprozesses. Bern 1988

Wilber, Ken: Das Spektrum des Bewußtseins. Reinbek 1994

Wilber, Ken: Eros, Logos, Kosmos. Frankfurt/Main 1996

Willi, Jörg: Was hält Paare zusammen? Der Prozeß des Zusammenlebens in psycho-ökologischer Sicht. Reinbek 1991

Yalom, Irvin D.: Und Nietzsche weinte, Hamburg 1994

Zehentbauer, Josef: Körpereigene Drogen. Die ungenutzten Fähigkeiten unseres Gehirns. München 1994

Ein ausführliches, nach Themenbereichen gegliedertes Literaturverzeichnis zum Thema Liebe und Partnerschaft finden Sie in:
Mack, Bernhard: Der Liebe einen Sinn geben. Berlin 1996

Ausbildungsprogramm des CoreDynamik-Instituts

Das *CoreDynamik-Institut* bietet eine dreijährige berufsbegleitende Aus- und Weiterbildung in systemischer Arbeit mit einzelnen, Paaren, Gruppen und Organisationen an.

Im *ersten Jahr* werden vermittelt (im wesentlichen als Selbsterfahrung):
➤ Methoden der *biographischen Aufarbeitung* von Verhaltens- und Persönlichkeitsmustern.
➤ Diagnostische Modelle.
➤ Grundlegende Verfahren zur Lösung von Körper- und Gefühlsblockaden.
➤ Wege zum Spürbewußtsein.
➤ Arbeit mit kreativen Medien wie Bild, Ton, Maske, mit Stimme, Klängen und Rhythmus.
➤ Wesentliche Übungen aus den tantrischen Traditionen zur Vertiefung des sexuellen Erlebens.
➤ Möglichkeiten zur Intensivierung der Ausdruckskraft, u.a. durch Dramatherapie, Rollenspielpädagogik und Psychodrama.

Im *zweiten Jahr* steht im Vordergrund:
➤ Einführung in die *Paardiagnostik und Arbeit mit Paardynamiken.*
➤ Arbeit mit Klein- und Großgruppenprozessen
➤ *Energie- und Ritualarbeit*
  • Zeugungs-, Geburts- und Sterberituale
  • Verbindungs- und Trennungsrituale
  • der Tanz der Beziehungsspirale
  • das große Heilungsritual
  • Visionsarbeit.

➤ Verschiedene Methoden der Atemarbeit und Meditation ermöglichen Erfahrungen von feinstofflichen Schwingungsprozessen, der Chakra-Ebene, der Intuition und des Wesensbereichs.

Im *dritten Jahr* wird die eigenständige coredynamische Arbeit in den *Praxisfeldern* der TeilnehmerInnen der Ausbildung angeregt:

➤ Vertiefung der Verfahren und *Supervision* der Praxis in *Gruppen und Organisationen* steht im Vordergrund.

➤ Supervidierte Kleingruppenleitung durch die TeilnehmerInnen.

➤ Experten aus verschiedenen Praxisbereichen begleiten die Supervisionsprozesse aus ihrer Praxiserfahrung.

Die jeweiligen Gastdozenten und eine detailliertere Beschreibung der Ausbildung finden Sie in der Aus- und Weiterbildungsbroschüre. Sie können sie mit weiteren aktuellen Seminarangeboten anfordern im:

CoreDynamik-Institut
Leimbachweg 12
79283 Bollschweil bei Freiburg
Tel.: 0 76 33 / 98 27 07
Fax: 0 76 33 / 98 27 08

Die CD zu diesem Buch

Einige wesentliche Übungen dieses Buches sind auf einer CD zusammengefaßt und vom Autor gesprochen worden.

Dazu hat die Gruppe »TranceZenDance« eigens dafür komponierte Musik aufgenommen. Beim Hören können Sie so in eine vertiefte Erfahrung der Übungen eintreten.

Auf der zweiten CD hören Sie die Musik ohne die begleitende Stimme.

2 CDs zusammen DM 39,80

Zu beziehen über Junfermann Verlag,
Postfach 1840, D-33048 Paderborn
Tel. 05251 - 3 40 34 / Fax 05251 - 3 63 71